FRANÇOIS KERSAUDY

HITLER

PERRIN

MAÎTRES DE GUERRE
une collection dirigée par
FRANÇOIS KERSAUDY et YANNIS KADARI

dans la même collection :
PATTON, Yannis Kadari

© Éditions Perrin, 2011
ISBN : 978-2-262-03486-3
www.editions-perrin.fr

SOMMAIRE

ARTISTE INCOMPRIS

1

L'enfance d'un chef

Adolf Hitler
à dix-huit mois.

Aloïs Hitler, son père.

Sa mère, Klara Hitler,
née Poeltzl.

Comment comprendre celui qui se disait « le plus grand chef militaire de tous les temps » sans évoquer ses années de jeunesse ? Mais pour cela, il faut écarter l'épais nuage de mensonges que l'intéressé n'a cessé d'accumuler sa vie durant – à tel point même que lorsqu'il s'autorisait à dire la vérité, c'était purement par inadvertance…

Certains faits sont pourtant avérés : Adolf Hitler est né le 20 avril 1889 à Braunau-am-Inn, un petit village de haute Autriche proche de la frontière bavaroise ; ses parents se nommaient Klara et Aloïs Hitler, ce dernier étant le fils de Johann Georg Hiedler et de Maria Anna Schicklgruber, originaire de Döllersheim[1]. Le fonctionnaire des douanes Aloïs Hitler ayant été affecté en 1892 à Passau, en Bavière, ses enfants y résident jusqu'en avril 1895[2], après quoi leur père est nommé douanier principal à Linz ; c'est donc dans la petite _Volksschule_ autrichienne de Fischlam, au sud-ouest de Linz, qu'Adolf est scolarisé à l'âge de six ans. Après sa retraite, Aloïs Hitler déménage plusieurs fois, de sorte que son fils fréquentera successivement l'école primaire de Lambach, puis celle de Leonding, avant d'entrer en septembre 1900 à la _Realschule_ – l'école secondaire – de Linz ; il va y passer quatre années, puis intégrer l'école de Steyr, qu'il quittera un an plus tard, abandonnant ainsi sa scolarité prématurément dès 1905.

1. Qui est également le lieu de naissance d'Aloïs Hitler. En 1938, après l'Anschluss, son fils Adolf fera transformer Döllersheim en un champ de tir pour l'artillerie lourde…

2. Adolf, sa demi-sœur Angela et son petit frère Edmund, né en 1894 et décédé six ans plus tard. Paula naîtra en 1896.

Le futur Führer a bien voulu apporter quelques précisions sur cette période de son existence : brillant élève à l'école primaire, il avait détesté l'école secondaire, où il était très mal noté – sauf en histoire, en allemand et surtout en dessin. Son père, un homme brutal et alcoolique, voulait l'obliger à devenir fonctionnaire, mais Adolf s'y refusait, car il avait décidé de devenir artiste peintre – d'où ses piètres résultats scolaires. Il allait fréquemment s'ébattre dans la nature, où il se livrait avec ses compagnons à des jeux guerriers dans lesquels il tenait toujours le premier rôle. Il lisait beaucoup et savait d'instinct tirer l'essentiel de ses lectures, sous l'influence desquelles il avait compris dès l'âge de quinze ans « le sens de l'histoire » et était devenu « un nationaliste allemand fanatique ». Enfin, une maladie l'ayant opportunément dispensé de poursuivre ses études, il était parti pour Vienne à l'automne de 1907.

La réalité est sensiblement différente : Aloïs Hitler n'était pas le fils de Johann Georg Hiedler[1], il n'avait rien d'un ivrogne, et s'il pouvait avoir la main lourde[2], rien n'indique qu'il ait tenté d'obliger son fils à devenir fonctionnaire, sans quoi il l'aurait fait inscrire au lycée – *Gymnasium* – plutôt que dans une *Realschule* à dominance technique. Comme en attestent ses bulletins scolaires, le jeune Adolf Hitler était effectivement un mauvais élève à l'école secondaire, non par manque d'intelligence, mais par excès de paresse – ses maîtres l'ayant en outre décrit comme un enfant indiscipliné, querelleur, entêté, arrogant, irascible et immature, qui « accueillait les conseils et les reproches avec une hostilité à peine déguisée », tout en « exigeant de ses camarades de classe une soumission absolue » ; s'il se montrait doué pour le dessin, ses notes en histoire étaient fort médiocres et ses résultats en allemand plus mauvais encore – ce qui s'explique au vu

1. Johann Georg Hiedler, un homme sans profession définie, avait rencontré et épousé Maria Anna Schicklgruber en 1842. Aloïs, né cinq ans plus tôt de père inconnu, ne devait être légitimé qu'en 1876 – vingt ans après la mort de son beau-père Johann Georg Hiedler – au prix de retouches parfaitement illégales sur son acte de naissance, en présence de trois témoins illettrés... (L'orthographe n'étant pas fixée à l'époque sur les documents officiels, Hiedler et Hitler étaient en fait le même nom.) Tout cela prendra plus tard une importance démesurée, car certains allégueront sans preuves que le grand-père inconnu d'Adolf Hitler devait être juif.

2. En compensation, Adolf était surprotégé par sa mère – sans doute la seule personne qu'il aimera jamais.

À l'école secondaire de Linz, 1901 (Hitler, tout à droite, au dernier rang).

de l'orthographe de ses lettres, huit longues années après la fin de sa scolarité. Sa boulimie de lecture, qui a échappé à ses maîtres[1], se limitait apparemment aux romans de Karl May sur un *far west* américain imaginaire, à des recueils de feuilletons illustrés sur la campagne de 1870 contre les Français, ainsi qu'à des articles de presse sur la guerre des Boers, qui passionnait toute la jeunesse allemande de l'époque. Tels étaient les thèmes des interminables joutes enfantines auxquelles se livrait le jeune Adolf avec ses camarades, qu'il dominait moins par la force physique que par une propension marquée à prononcer d'interminables discours. Avec beaucoup de bonne volonté, on trouvera peut-être dans ces jeux guerriers les premiers indices de son génie stratégique…

En revanche, on comprend moins bien les occupations auxquelles s'est livré ce maigre et pâle adolescent entre juin 1905, lorsqu'il a quitté l'école de Steyr, et septembre 1907, le mois de son dé-

1. Ceux-ci ne semblent pas davantage avoir remarqué qu'il avait une mémoire phénoménale – sans doute parce qu'il négligeait de s'en servir à l'époque.

L'univers du jeune Adolf Hitler.

part pour Vienne ; son unique ami de l'époque, August Kubizek, dit « Gustl », s'est seulement souvenu de l'avoir vu dessiner et peindre, écrire des poèmes, contempler les monuments de Linz en planifiant leur reconstruction, passer brusquement de la dépression à l'exaltation, fréquenter assidûment l'Opéra, flâner dans la ville des heures durant et se perdre en féroces diatribes contre les artistes décadents, les officiers frivoles et les fonctionnaires incapables. Aucune trace d'une quelconque maladie, mais les témoignages de l'époque permettent d'établir qu'il était allergique à tout travail suivi, se levait rarement avant midi, ne buvait pas, ne fumait pas, lisait peu, ne s'intéressait guère aux jeunes filles[1]... et vivait aux crochets de sa mère Klara, devenue veuve trois ans plus tôt.

Errances

La mère d'Adolf, sa demi-sœur Angela, son beau-frère Leo Raubal et sa tante Johanna[2] l'avaient souvent exhorté à rechercher un emploi, mais toujours en vain : au début de sep-

1. À l'exception d'une certaine Stephanie, qui sera plutôt un objet de fantasmes et qu'il n'osera jamais approcher.

2. Sœur de Klara Hitler, Johanna Pölzl habite chez elle et l'assiste dans ses tâches domestiques ; Klara est atteinte d'un cancer du sein incurable, diagnostiqué au printemps de 1907 et soigné avec dévouement par le docteur Bloch avec les moyens primitifs de l'époque.

tembre 1907, il part pour Vienne et se présente à l'examen d'entrée de l'Académie des beaux-arts ; la suite, il la racontera lui-même : « J'étais si sûr du succès que la nouvelle de mon échec me prit entièrement par surprise, comme un coup de tonnerre dans un ciel clair. Et pourtant, c'était vrai. Lorsque je rendis visite au directeur pour m'enquérir des raisons de ce refus [...], il m'assura que les dessins que j'avais soumis montraient à l'évidence que je n'avais pas les qualités requises pour devenir peintre, mais que mes talents devraient plutôt m'orienter vers l'architecture. »

Sage conseil, car le jeune homme a d'indéniables aptitudes dans ce domaine. Mais que va-t-il faire pour cultiver ses dons et se préparer à l'examen d'entrée de l'école d'architecture ? Absolument *rien* ! Il ne semble même pas s'en être approché... Après le décès de sa mère à la fin de décembre 1907 – un second traumatisme majeur en moins de trois mois –, l'artiste éconduit reprend à Vienne la vie de bohème qu'il avait menée à Linz pendant deux ans. Sa pension d'orphelin, l'argent laissé par sa mère et un « prêt » de sa tante Johanna lui permettent de vivre décemment dans une grande pièce au 31, Stumpergasse, et surtout de fréquenter le Staatsoper et le Burgtheater, sans jamais manquer un opéra ou un concert de Wagner. Pour le reste, il se lève toujours vers midi, fait les cent pas dans sa chambre, erre dans les rues en contemplant la cathédrale Saint-Étienne ou les édifices du Kärntner Ring, et fréquente les cafés en lisant attentivement les journaux. Mais celui qui se présente toujours comme un étudiant ne prépare aucun examen et n'effectue pas le moindre travail rémunéré – avec deux conséquences prévisibles : l'école d'architecture lui reste fermée[1], et il n'est pas admis à repasser le concours de l'Académie des beaux-arts. Par ailleurs, ses ressources diminuent, si bien qu'en septembre 1908, il quitte le logement de la Stumpergasse et change plusieurs fois de résidence jusqu'à l'été de 1909 où, n'ayant plus les moyens de payer un loyer, il se retrouve à la rue. C'est donc cet automne-là que commence ce qu'Adolf Hitler appellera plus tard « une période infiniment amère ».

1. N'ayant pas terminé sa scolarité, il n'aurait sans doute pas été accepté de toute façon.

Le mot n'est pas trop fort : les cheveux longs, le visage émacié, les pieds enflés et les vêtements en loques, notre « étudiant en art » dort sur les bancs publics, avant de se retrouver l'hiver venu à l'asile de nuit de Meidling, qui recueille tout ce que Vienne compte de vagabonds et de déséquilibrés ; le jour, il fait la queue devant le couvent de la Gumpendorferstrasse, où les sœurs de la Charité tiennent une soupe populaire, avant de rejoindre une brasserie ou un café qui lui permette de se réchauffer. Pour se donner un statut de prolétaire, il prétendra dans *Mein Kampf* avoir été employé comme ouvrier du bâtiment, mais c'est une invention : Hitler ne veut pas travailler, ne sait pas travailler et n'est même pas en état de travailler[1]…

Le salut viendra d'un habitué de l'asile de nuit, Reinhold Hanisch, alias « *Fritz Walter* » ; cet Allemand des Sudètes, manœuvre d'occasion, passablement alcoolique et souvent en délicatesse avec la loi, s'intéresse au jeune homme affaibli qui se vante d'être un artiste. Hanisch lui propose de peindre des aquarelles qu'il se chargera d'aller vendre, après quoi tous deux se partageront les bénéfices. Cela suppose évidemment un petit investissement de départ – probablement fourni par la tante Johanna –, et surtout un logement plus adapté : le 9 février 1910, les deux compères rejoignent donc le *Männerheim*, un foyer pour hommes situé au n° 27 de la Meldemannstrasse, dans le 20ᵉ arrondissement de Vienne. L'endroit est nettement plus salubre que l'asile de nuit : il a des dortoirs équipés de boxes, une cuisine, des douches, une laverie et une cantine. En principe, les résidents doivent quitter les lieux dès 9 heures du matin, mais il y a un salon de lecture où ils peuvent passer la journée ; c'est là qu'Adolf Hitler va installer son atelier.

L'entreprise démarre assez bien : Hitler a un coup d'œil très sûr, un sens évident des perspectives, et ses aquarelles sont agréables à regarder[2] ; Hanisch, lui, est un bon vendeur, les clients ne manquent pas et le commerce se révèle suffi-

1. Outre le fait que les ouvriers du bâtiment à Vienne étaient suffisamment payés pour n'avoir pas à fréquenter les asiles de nuit.

2. Les monuments les plus peints : la Karlskirche, le Burgtheater, le Parlement, le palais de Schönbrunn et le palais Auersperg. Ces œuvres témoignent d'un réel talent, même si les rares personnages représentés sont raides et ne savent pas marcher… On peut voir vingt de ces aquarelles au musée des Offices de Florence.

Vienne, la Karlskirche, sans doute peint en 1910.

samment rentable pour assurer la survie des deux compères. Mais leur association prend fin dès le mois d'août 1910 ; Hanisch reproche à Hitler d'être paresseux et cyclothymique, tandis qu'Hitler accuse Hanisch de l'avoir privé d'une partie de ses gains, et porte même plainte contre lui[1]… Après cela, l'artiste trouvera d'autres vendeurs nettement moins habiles, mais il va poursuivre son activité pendant

1. Hanisch sera effectivement condamné à quelques jours de prison, mais uniquement pour avoir fait usage d'un faux nom. Hitler ne recevra aucune des sommes réclamées.

près de trois ans, et ses revenus, ajoutés à sa petite pension d'orphelin[1], lui permettront de continuer à vivre frugalement dans le *Männerheim* de la Meldemannstrasse, où il s'est installé à demeure.

Les témoignages sérieux sur les six années viennoises d'Hitler en brossent un portrait assez ressemblant : ce jeune homme introverti reste indolent et allergique à tout travail suivi, n'acceptant de se consacrer qu'au dessin et la peinture – à condition en outre de se trouver dans de bonnes dispositions. Certains traits de caractère saillants ont frappé dès cette époque ses rares amis, à commencer par l'étudiant en musique Kubizek qui, ayant vécu quatre mois avec lui à Vienne en 1908, s'inquiétait déjà de ses rancœurs, de sa paranoïa, de sa mégalomanie, de sa misogynie, de son agoraphobie, de ses transes wagnériennes et de ses brusques accès de rage, pour en conclure sobrement : « J'avais l'impression qu'Hitler était devenu déséquilibré. » Par ailleurs, le futur chef suprême du Reich millénaire semble s'être fort peu cultivé durant cette période : si ses compagnons se sont bien souvenus de l'avoir vu dessiner, peindre et discourir, personne n'a mentionné la lecture, et les seuls écrits qu'ils aient jamais remarqués se limitaient à deux livres sur les anciens dieux germaniques[2], un guide touristique de Vienne, des quantités de journaux et quelques brochures politiques bon marché.

Toutefois, il ne faut pas sous-estimer l'influence des quotidiens et des pamphlets viennois sur cet esprit tourmenté, qui se considère comme membre d'une communauté minoritaire allemande perdue au milieu de la masse bigarrée des nationalités de l'Empire austro-hongrois. À ce titre, Hitler se montre particulièrement accessible au discours pangermaniste, antilibéral, antisocialiste et anticatholique de Georg von Schönerer, et plus encore aux fulminations populistes, anticapitalistes, antimarxistes, antislaves et antisémites du bourgmestre de Vienne Karl Lueger. En revanche, les sociaux-démocrates, avec leur doctrine marxiste, leur internationalisme et

1. Vingt-cinq couronnes par mois, ce qui lui permet de prendre au moins un repas par jour.

2. Il y en a certainement eu d'autres en six ans, mais rien de comparable à l'impressionnante liste de classiques qui lui a été attribuée. En fait, ses lectures semblent avoir été extraordinairement hétéroclites, allant de l'astrologie à l'érotisme, en passant par l'hypnose et la mythologie…

leurs manifestations de masse, suscitent l'effroi et la détestation de ce nationaliste allemand déjà révolté par « la Babel ethnique des rues de Vienne » et par « le mélange de cultures étrangères qui a commencé à ronger cet ancien site de culture germanique ».

C'est tout cela qui se reflète dans les discours passionnés que l'artiste peintre Hitler tient aux résidents du *Männerheim* entre 1910 et 1913 ; les résultats ne sont pas toujours concluants – surtout lorsqu'il s'en prend aux sociaux-démocrates –, mais Hitler peut constater que ses propos produisent le même effet hypnotique sur l'auditoire viennois que sur ses petits camarades de Linz. Curieusement, si les résidents se souviendront de ses diatribes enflammées contre les Jésuites, le Parlement, les « Rouges » et l'empire décadent de François-Joseph, personne ne semble l'avoir entendu exprimer une animosité particulière à l'égard des Juifs… Il est vrai que son foyer est financé par des philanthropes juifs, que ses compères de l'époque, Neumann et Robinson, sont juifs, et que ses meilleurs clients le sont aussi. Force est donc de constater que dans la démonologie déjà très encombrée d'Adolf Hitler, les Juifs tiennent à ce stade une place parfaitement insignifiante[1]…

Si Hitler finit par quitter Vienne en mai 1913 – et non au printemps de 1912 comme il le prétendra –, c'est en raison d'un fait inavouable pour le futur commandant suprême de toutes les forces armées du Reich : il veut échapper au service militaire… La loi autrichienne lui faisant obligation de s'inscrire sur les rôles en 1909 pour incorporation l'année suivante, il peut être légalement considéré comme déserteur. Ses nombreux déménagements entre 1909 et 1910 ont déconcerté l'administration militaire impériale, mais Hitler sait bien qu'il ne pourra jouer éternellement avec la chance : ayant touché à l'échéance de ses vingt-quatre ans sa part de l'héritage paternel, il quitte discrètement Vienne pour Munich le 24 mai 1913.

1. On peut donc ignorer les longues élucubrations du chapitre II de *Mein Kampf.* Si Hitler a dû lire les innombrables journaux et pamphlets antisémites circulant dans la Vienne des années 1907-1913, il n'y a sans doute pas attaché d'importance, ayant à l'époque d'autres sujets de détestation plus envahissants. Malheureusement, il est doté d'une mémoire infaillible.

MAELSTRÖM

2

Un Munichois d'adoption

« J'ai quitté l'Autriche avant tout pour des raisons politiques », écrit Hitler en 1924, sans toutefois préciser la première de ces raisons : il a voulu se soustraire au service militaire en Autriche, et comme cela avait peu de chances d'être accepté par les autorités bavaroises[1], il s'est déclaré « apatride » dès son arrivée à Munich. En revanche, ce qu'il dira de son attirance pour la ville est bien compréhensible : Munich est un haut lieu de la culture, et l'architecture majestueuse de la cité des Wittelsbach exerce une fascination certaine sur cet artiste émigré. « J'en vins à aimer cette ville plus que toute autre… Une ville allemande. Quelle différence avec Vienne ! »

L'homme qui s'est présenté aux autorités de Munich comme « peintre en architecture » va-t-il chercher à acquérir une véritable formation, en entrant à l'Institut des beaux-arts ou à la *Kunstgewerbeakademie*, l'Académie des arts appliqués ? Nullement : que ce soit parce qu'il craint une rebuffade ou parce qu'il estime n'avoir plus rien à apprendre, Hitler va simplement reprendre ses anciennes habitudes : ayant loué une petite pièce dans l'appartement du tailleur Joseph Popp, au 34 de la Schleissheimerstrasse[2], il se met à peindre des vues de Munich. Sans être très rentable, leur vente suffit à ses besoins, car Hitler continue à vivre très frugalement ; il passe ses journées dans les cafés et les brasseries, à lire les journaux et à prononcer des diatribes enflammées pour faire partager aux consommateurs ses détestations politiques du moment[3] ; après quoi il se retire dans sa chambre pour peindre et lire des livres empruntés à la bibliothèque voisine. D'après sa logeuse, Frau Popp, il ne recevra pas une seule visite en quinze mois…

Ce n'est pas tout à fait exact, car le 18 janvier 1914, un homme se présente bel et bien devant sa porte ; c'est un officier de la police munichoise, venu lui annoncer que les autorités

1. À l'époque, les déserteurs de l'armée austro-hongroise se rendaient plutôt en Suisse, qui était plus compréhensive à leur égard.

2. Au nord de Munich, dans un quartier pauvre proche de Schwabing, le Montmartre munichois.

3. À commencer naturellement par celle de l'Empire austro-hongrois, qui « opprime et persécute les Allemands d'Autriche ».

militaires autrichiennes le convoquent à Linz pour le surlendemain, en vue de son incorporation… Hitler est donc conduit au commissariat central, mais, bénéficiant du laxisme des fonctionnaires bavarois et de la sympathie du consulat d'Autriche, il parvient à faire reporter l'échéance au 5 février, obtenant en outre de comparaître à Salzbourg plutôt qu'à Linz. Une fois sur place, son apparence joue en sa faveur : le conseil de révision le juge « trop faible pour porter les armes », et il est réformé. De retour à Munich, il reprend sa vie de bohème ; mais à cette époque, de lourds nuages s'amoncellent sur l'Europe, jusqu'à ce 28 juin 1914 où l'on apprend la nouvelle de l'assassinat de l'archiduc François-Ferdinand à Sarajevo. Après cela, d'ultimatums en mobilisations, le monde glisse inexorablement vers l'abîme – qui s'entrouvre le 1er août 1914, lorsque l'Allemagne déclare la guerre à la Russie.

Schwabing, Munich, peint en 1914.

Volontaire pour l'enfer

De la part d'un homme qui vient d'être réformé, la réaction d'Hitler peut surprendre : « Submergé par un irrésistible enthousiasme, je tombai à genoux et remerciai le ciel d'un cœur débordant de joie pour m'avoir donné la chance de vivre en de tels temps. » Cette fois, il ne ment pas : sur la photo d'un grand rassemblement patriotique devant la Feldherrnhalle le 2 août 1914, on peut voir au centre de la foule un jeune homme transporté d'enthousiasme ; c'est Adolf Hitler, qui se porte volontaire trois jours plus tard pour rejoindre le 1er régiment d'infanterie bavarois. Ce « peintre en architecture apatride » a-t-il été gagné par l'ambiance de liesse qui règne à Munich ? Est-ce pour lui l'occasion de quitter une vie médiocre et incertaine,

Devant la Feldherrnhalle, un jeune homme enthousiaste.

en rejoignant un corps solidement constitué qui pourvoira à ses besoins ? A-t-il trouvé là un moyen de prouver son attachement à une patrie germanique qu'il idéalise depuis toujours ? Ou bien veut-il participer à une épopée comparable à celle de 1870, pour laquelle il s'enthousiasmait tant durant son adolescence ? Sans doute y a-t-il de tout cela.

Les recruteurs bavarois ne sont pas davantage impressionnés par la condition physique de l'artiste que leurs homologues autrichiens six mois plus tôt : du 1er régiment d'infanterie, le jeune volontaire est affecté au second bataillon de réserve du 2e régiment d'infanterie, puis au 16e régiment d'infanterie de réserve, dit « régiment List », essentiellement composé de recrues inexpérimentées. Mais de Munich à Augsbourg, l'entraînement n'en sera pas moins dur : maniement d'armes, marches forcées, manœuvres de nuit… Assez curieusement, cet homme chétif et paresseux résiste bien à l'épreuve, se plaint peu et apprécie l'ordinaire. Lorsque son régiment est dirigé vers le front dès le 20 octobre 1914, il écrit à Frau Popp : « Je suis extrêmement heureux. […] J'espère que nous irons jusqu'en Angleterre. » Cet enthousiasme semble peu justifié : après seulement deux mois d'entraînement, les recrues du régiment List, encadrées par des officiers de réserve, manquent de mitrailleuses et n'ont même pas de casques ! Mais la guerre paraît douce à ceux qui ne la connaissent pas…

Dès le 29 octobre, le 16e régiment d'infanterie est engagé dans la bataille d'Ypres. Les jeunes soldats, inconscients du danger, attendent impatiemment le moment de passer à l'attaque, mais les bombardements anglais sont terrifiants, quatre charges allemandes se brisent sous la mitraille en vingt-quatre heures, et après cinq jours, les 3 600 hommes du régiment ne sont plus que 611 – le colonel List comptant parmi les morts. Au début de novembre 1914, Hitler est nommé *Meldegänger* – estafette ; il doit assurer la liaison entre les bataillons du front et le QG du régiment List – un rôle apparemment peu glorieux, mais absolument indispensable[1] – et terriblement dangereux : avant la fin de 1914, sur les

1. Les rares téléphones disponibles sont primitifs, les lignes étant en outre coupées périodiquement par les bombardements.

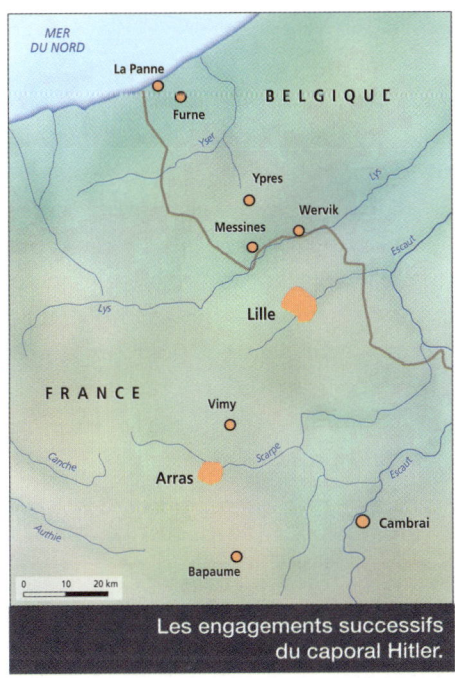

Les engagements successifs
du caporal Hitler.

huit messagers du régiment, trois ont été tués et un grièvement blessé. Hitler, volontaire pour les missions les plus périlleuses, porte même secours sous le feu à son commandant blessé ; nommé caporal, il est décoré en décembre de la croix de fer de 2ᵉ classe. « C'est le plus beau jour de ma vie », écrit-il peu après à un correspondant munichois.

Perspective des tranchées

La bataille de la Marne porte un coup d'arrêt à l'offensive allemande, et les deux armées s'enterrent depuis Dunkerque jusqu'à la frontière suisse. Le régiment d'Hitler sera engagé en 1915 à Neuve-Chapelle et Fromelles, puis passera des Flandres à la Somme pour endiguer la grande attaque britannique de l'été 1916. Au milieu d'un paysage lunaire, les avances et les retraites se mesurent en mètres, et le carnage est terrifiant : « Plutôt un enfer qu'une guerre », dira Hitler, qui est de tous les combats ; s'il ne sera plus promu[1], tout indique que ses supérieurs apprécient son zèle, son habileté, sa chance anormale et son moral inébranlable. Il est vrai qu'on ne lui demande pas de charger l'ennemi, mais plutôt d'en passer inaperçu pour mieux accomplir ses missions ; il tentera de faire oublier après la guerre qu'il n'a été

1. Son lieutenant l'expliquera par le fait qu'« on n'avait pu lui trouver aucune qualification pour le commandement », en dehors du fait que sa tenue était négligée et que ses réponses aux questions des supérieurs manquaient de concision. Il ajoutera d'ailleurs qu'Hitler lui-même refusait toute promotion, de peur d'être contraint de quitter son régiment.

qu'estafette, mais il y faut un courage certain, et on y meurt aussi sûrement que le mitrailleur d'à côté ou le Tommy d'en face. Les camarades de combat du jeune volontaire autrichien en sont bien conscients, qui reconnaissent ses qualités autant qu'ils raillent ses excentricités ; on apprend ainsi sans surprise que le caporal Hitler ne boit pas, ne fume pas, a un sens de l'humour limité, évite soigneusement tout contact avec les femmes, ne reçoit ni lettres ni colis, et ne parle jamais de sa famille ; il est sombre et taciturne, mais peut s'animer brusquement pour prononcer des diatribes enflammées sur tous les sujets qui lui tiennent à cœur. Les photos du régiment nous montrent un homme longiligne, à la face émaciée barrée d'une épaisse moustache, qui se tient généralement à l'écart de son groupe. Mais officiers et soldats le considèrent comme un bon camarade, qui se porte souvent volontaire pour partir en mission à la place des autres messagers, et en a secouru plus d'un dans des situations difficiles ; ils le voient souvent lire – généralement des journaux[1] –, et admirent ses talents de dessinateur ; enfin, ils remarquent que la grande tuerie environnante le laisse de marbre, mais qu'il a adopté un petit fox-terrier égaré, baptisé « Fuchsl », sur lequel il reporte toute son affection.

Parmi ces témoignages, un élément au moins retient l'attention : tous les hommes présents se souviennent qu'à la moindre provocation, le caporal excentrique pouvait discourir avec animation sur les embusqués, les sociaux-démocrates, les opéras de Wagner ou l'architecture des édifices de Munich, et le lieutenant Wiedemann ajoutera qu'il « philosophait sur les questions politiques et sa vision du monde à la manière primitive des petites gens ». En revanche, personne ne semble l'avoir entendu exprimer une quelconque opinion sur la situation stratégique du moment ou les décisions du haut commandement allemand. Cela se comprend aisément, car les fonctions d'Hitler ne lui apportent guère d'éclaircissements à cet égard : les messagers ne sont qu'occasionnellement admis au PC du régiment, ils n'ont qu'une faible idée du contenu des instructions qu'ils transmettent, et ces ordres tactiques donnés par des lieutenants-colonels à des chefs de bataillon

---

1. Hitler certifiera avoir emporté dans les tranchées un livre de Schopenhauer, qu'il a lu pendant toute la guerre. Aucun de ses camarades de combat ne semble l'avoir remarqué.

Les huit estafettes. Hitler est à l'extrême gauche.
À droite son chien Fuchsl (« Petit Renard »).

ou de compagnie ne concernant qu'un secteur très limité, ils ne peuvent donner aucune idée de la stratégie poursuivie sur l'ensemble du front[1]. Voilà qui méritera d'être retenu à chaque fois qu'Hitler prétendra avoir développé son génie militaire « à la dure école de la guerre » : en réalité, il n'aura acquis durant ce conflit qu'une « perspective des tranchées », sans la moindre portée stratégique.

Détérioration

Dans la nuit du 7 octobre 1916, près de Bapaume, la chance insolente du caporal autrichien finit par tourner ; un obus explose à

1. Au même moment, le capitaine de Gaulle fait à ses compagnons de captivité des conférences sur l'évolution du conflit et les derniers développements de la stratégie militaire. Mais de Gaulle a davantage de loisirs, d'informations… et de capacités à les interpréter : c'est un officier formé à Saint-Cyr plutôt qu'un volontaire ayant reçu deux mois d'instruction militaire au début de la guerre.

l'entrée de l'abri des estafettes, et Hitler est blessé à la hanche. Sa première réaction est révélatrice ; au lieutenant Wiedemann, il demande : « Ce n'est pas si grave, hein, lieutenant ? Je peux toujours rester avec vous, avec le régiment ! » Mais la blessure n'est pas anodine, et Hitler est évacué vers l'hôpital de Beelitz, près de Berlin, où il restera jusqu'au début du mois de décembre ; après cela, il va passer sa permission de convalescence à Munich. N'ayant pas vu l'Allemagne depuis deux ans, ce militaire endurci constate avec dépit que l'ambiance s'y est radicalement transformée depuis août 1914 : le moral et la discipline sont en chute libre, le marché noir est florissant, la corruption omniprésente et les insoumis innombrables, les divisions politiques s'exacerbent au Reichstag, le peuple cherche des boucs émissaires et la propagande pacifiste se répand comme une traînée de poudre.

Tranchée allemande dans la Somme.

Affecté à une unité de l'arrière, Hitler demande à repartir pour le front, et le 5 mars 1917, il rejoint son régiment près de Vimy ; cet été-là, il se retrouvera dans le secteur d'Ypres, là où il a déjà combattu près de trois ans plus tôt… Les Britanniques sont toujours là, bien mieux équipés qu'en 1914, et le régiment List, durement étrillé, est retiré du front au début d'août pour être envoyé en Alsace. Après une courte pause, ce sera la Champagne au mois d'octobre, avec la perspective d'un long hiver de stagnation dans le froid et la boue. Hitler s'acquitte désormais de ses missions avec l'assurance du vétéran et la sagacité des Indiens imaginaires de Karl May ; ainsi, il a observé que 17 heures était le meilleur moment de la journée pour accomplir ses missions, car les artilleurs britanniques délaissaient invariablement leurs pièces pour sacrifier au rituel de la pause du thé… Mais le caporal Hitler s'aperçoit que ses camarades ont perdu beaucoup de leur enthousiasme pour la guerre, tandis que les nouvelles recrues commencent à répandre dans les tranchées la propagande pacifiste de l'arrière. Hitler en est outré, et ses harangues se font plus féroces contre les « défaitistes », les « embusqués », les socialistes et les Juifs, que ce grand paranoïaque rend responsables de la baisse du moral à l'arrière comme au front[1]. En fait, c'est surtout l'usure de quatre années de guerre, la disette, la pénurie de charbon et l'absence de tout succès militaire décisif qui sont à incriminer[2], mais Hitler ne veut pas le savoir ; au mépris des réalités, il proclame sa foi inébranlable en la victoire finale, et attend avec impatience l'ordre de passer à l'attaque…

Ses vœux seront bientôt exaucés ; après l'effondrement du front russe et la paix de Brest-Litovsk, Ludendorff lance la grande offensive du printemps 1918, et le régiment List se retrouve au plus fort des combats ; en juillet, il participe à la seconde bataille de la Marne, où il subit encore de lourdes pertes. Au début août, l'offensive générale est à bout de souffle, les Allemands ont perdu 800 000 hommes en quatre mois, et leurs lignes commencent à plier devant la contre-attaque alliée. Le 4 août, Hitler reçoit la croix

1. À l'origine de ces diatribes contre les Juifs, que ses camarades de combat n'avaient pas entendues avant 1916, il semble bien y avoir eu le séjour de convalescence en Bavière, où l'antisémitisme avait atteint des sommets.

2. Autant d'éléments qui sont à l'origine des grandes grèves de janvier 1918 dans l'industrie d'armement.

Retraite en bon ordre, octobre 1918.

de fer de première classe pour avoir fait parvenir un ordre important aux premières lignes, en dépit d'un barrage d'artillerie particulièrement meurtrier[1]. Mais quatre jours plus tard, c'est la « journée noire de l'armée allemande » : dix divisions britanniques, canadiennes et australiennes, précédées de 600 tanks et appuyées au sud par huit divisions françaises, crèvent le front et pénètrent profondément dans le dispositif allemand, faisant 22 000 prisonniers et prenant 400 canons. En septembre, on retrouve Hitler dans le secteur de Messines – sa position de départ quatre ans plus tôt. À la fin

1. Sur la recommandation d'un officier juif, le lieutenant Hugo Gutmann.

du mois, les hommes du régiment List repoussent avec peine un premier assaut britannique devant Comines ; mais dans la nuit du 13 au 14 octobre, sur les hauteurs de Wervik, ils subissent un bombardement à l'ypérite, et Hitler est aveuglé par les gaz. Après avoir reçu les premiers soins à l'arrière, il est évacué vers l'hôpital militaire de Pasewalk, près de Stettin.

Naufrage

Pendant que le caporal Hitler gît sur son lit de douleur, les événements se précipitent autour de lui : le haut commandement allemand, comprenant que la situation est désespérée, a demandé à Guillaume II de conclure la paix, et c'est ce qu'entreprend le gouvernement formé au début d'octobre par le prince Max de Bade. Le front allemand tient encore à l'ouest, mais il ne cesse de reculer ; la capitulation de la Bulgarie, l'effondrement de la Turquie, puis la désagrégation de l'Autriche-Hongrie déclenchent une redoutable réaction en chaîne. Le 26 octobre, Ludendorff démissionne ; entre le 28 octobre et le 3 novembre, des mutineries éclatent dans la flotte allemande, qui refuse de sortir de ses ports pour un ultime baroud d'honneur, et la révolte s'étend à Kiel, puis aux autres villes du pays – à commencer par Munich, qu'occupent dès le 7 novembre les « socialistes indépendants » de Kurt Eisner ; le roi Louis III de Bavière s'enfuit, et le Kaiser abdique deux jours plus tard. Une fois la république proclamée, le chancelier Max de Bade cède le pouvoir au conseil des commissaires du peuple dirigé par le social-démocrate Friedrich Ebert[1] ; une commission dirigée par le député Erzberger est alors chargée de signer l'armistice à Rethondes le 11 novembre 1918.

La veille, un pasteur a rendu visite aux blessés de l'hôpital militaire de Pasewalk pour les informer des derniers événements : l'abdication du Kaiser, la proclamation de la ré-

1. Son parti est le SPD, *Sozialdemokratische Partei Deutschlands* ; le parti socialiste indépendant est l'USPD, *Unabhängige Sozialdemokratische Partei Deutschlands*, tandis que les autres acteurs principaux de la vie politique de l'époque sont le tout nouveau parti communiste KPD, le *Zentrum* catholique, et le BVP – *Bayerische Volkspartei* –, branche bavaroise autonome du *Zentrum*. Jusqu'en 1933, ce seront les principaux partis représentés au Reichstag.

publique, et même l'imminence de l'armistice. Hitler, coupé des réalités de la guerre et persuadé de la victoire finale, décrira ainsi son état d'esprit : « Je n'y tenais plus ; je ne pouvais rester là plus longtemps ; alors que tout redevenait noir devant mes yeux, je retournai en titubant et en tâtonnant vers le dortoir, me jetai sur mon lit de camp et enfouis ma tête en feu sous l'oreiller et la couverture. [...] Ainsi, tout avait été en vain : les pertes, les épreuves, la faim, la soif... Et tout cela pour permettre à une bande de misérables criminels de mettre la main sur la patrie ? [...] Plus je tentais d'y voir clair au sujet des monstrueux événements de

A l'hôpital militaire de Pasewalk, novembre 1918.
Hitler est le deuxième à droite, sur le rang du fond.

l'heure, plus la honte et l'indignation m'envahissaient. Comparée à ce désastre, qu'importait la douleur de mes yeux ? […] Je sentis croître ma haine contre les responsables de ce méfait. Durant les jours qui suivirent, je pris conscience de mon propre destin. […] N'était-il pas comique de vouloir bâtir des maisons sur de telles fondations ? […] Guillaume II avait été le premier empereur à tendre aux marxistes la main de la réconciliation, sans se douter que les vauriens n'avaient pas d'honneur. Alors qu'une de leurs mains tenait encore celle de l'Empereur, l'autre se saisissait déjà du poignard. On ne pactise pas avec les Juifs ; avec eux, c'est la dure loi du tout ou rien. Quant à moi, je décidai d'entrer en politique. »

Tout se trouve dans ces quelques phrases, étrange assemblage de sincérité, d'aveuglement et de mensonges : la désillusion, la révolte contre les coups du sort, la haine paranoïaque de démons imaginaires, le fantasme du « coup de poignard » porté à l'Empereur, à l'armée et à la patrie ont probablement été ressentis avec toute l'intensité décrite. Mais ses propos sur une carrière future sont de purs fantasmes : comment entrer en politique, alors qu'on en ignore absolument tout ? En vérité, alors que son univers s'écroule, ce caporal de vingt-neuf ans n'a qu'une seule voie de salut : c'est l'armée.

VOCATION

3

Hitler quitte l'hôpital de Pasewalk le 19 novembre 1918, et pour regagner Munich, il doit traverser une Allemagne en pleine désintégration. S'il y a bien à Berlin un gouvernement central dirigé par le socialiste Friedrich Ebert, la plupart des villes allemandes sont désormais aux mains de l'extrême gauche révolutionnaire, qui a formé partout des conseils d'ouvriers et de soldats sur le modèle bolchevique. En rejoignant son régiment, Hitler constate donc qu'il est sous l'autorité des conseils de soldats munichois, et cela lui paraît si repoussant qu'il décide de repartir au plus tôt. Mais voulant échapper à la démobilisation, il se porte volontaire pour servir de gardien dans le camp de Traunstein[1], qui abrite encore des prisonniers russes.

En février 1919, le camp fermant ses portes, Hitler retourne à Munich. Entre-temps, de graves événements se sont produits dans tout le pays : à Berlin, l'extrême gauche spartakiste a tenté de prendre le pouvoir, mais le gouvernement de Friedrich Ebert, s'appuyant sur l'armée et les corps francs, a écrasé l'insurrection au cours de la « semaine sanglante » du 11 au 15 janvier 1919[2], et une réaction similaire s'est produite dans la plupart des villes du pays ; en Bavière, les élections de janvier ont clairement montré l'absence de soutien populaire à l'USPD de Kurt Eisner, qui a été assassiné le 21 février[3]. Depuis lors, la violence et la confusion n'ont cessé de régner en Bavière : au début de mars, un gouvernement réunissant les deux composantes socialistes se constitue sous la direction de Johannes Hoffmann, mais il quitte Munich pour Bamberg, afin d'échapper à la pression de l'extrême gauche révolutionnaire. C'est ce qui permet à cette dernière de prendre le pouvoir à Munich le 7 avril, en proclamant la République des conseils sous l'autorité despotique des communistes Ernst Toller, Eugen Leviné et Gustav Landauer. Ce sera un intermède sanglant mais éphémère : le 1er mai 1919, le gouvernement Hoffmann lance une armée de 50 000

1. Près de la frontière autrichienne.

2. Qui a vu entre autres l'assassinat des deux leaders spartakistes, Karl Liebknecht et Rosa Luxemburg. Les corps francs – *Freikorps* – étaient formés en grande partie d'anciens officiers et soldats du front démobilisés.

3. L'USPD n'avait obtenu que 3 sièges, contre 61 au SPD, 66 au BVP et 25 aux libéraux. Alors qu'il allait remettre sa démission à la Diète, Kurt Eisner a été assassiné par un jeune noble d'extrême droite, le comte Anton von Arco-Valley.

soldats de la Reichswehr et des corps francs pour reprendre Munich aux 20 000 hommes de l'Armée rouge ; les forces loyalistes, équipées de chars, d'artillerie lourde et de lance-flammes, libèrent la ville en moins de deux jours, puis se livrent à une sanglante répression qui fait plus de 1 000 victimes – innocentes pour la plupart…

Sept mois d'histoire en trois timbres : le roi Louis III de Bavière, le même surchargé « Volkstaat » (communiste), puis « Freistaat », État libre loyaliste. En 1919, on trouvait parfois les trois timbres sur la même enveloppe !

Corps francs au bivouac.

Indicateur-propagandiste

Le caporal Hitler en a dit le moins possible sur son rôle lors de ces événements, et cela se comprend : alors que son régiment s'est tenu en dehors des hostilités, lui-même, en tant que *V-Mann*[1], semble s'être mis discrètement au service de tous les maîtres du moment, afin de retarder indéfiniment sa démobilisation. La chute de la République des conseils et le contrôle de Munich par les militaires vainqueurs[2] va lui en fournir l'occasion, car les généraux, frappés par la contagion des idées bolcheviques parmi leurs hommes, ont décidé d'organiser en Bavière une contre-propagande active et durable ; c'est ainsi qu'a été créée dès le mois de mai 1919 une « section d'information » pour éduquer les militaires dans un sens « nationaliste et antibolchevique ». Sous la direction du capitaine Karl Mayr, cette section entreprend donc de recruter des *Propagandaleute*, des agents de propagande chargés de porter la bonne parole parmi les troupes. Les antécédents comme les aspirations d'Hitler l'incitent à se porter volontaire, et le capitaine Mayr donnera ainsi ses premières impressions du *V-Mann* autrichien : « Il ressemblait à un chien errant fatigué à la recherche d'un maître, [....] et prêt à suivre quiconque le traiterait avec bonté. [...] Le sort du peuple allemand lui était parfaitement indifférent. » Il n'en est pas moins recruté et affecté aux premiers cours de formation pour « instructeurs antibolcheviques » dispensés à l'université de Munich entre le 5 et le 12 juin 1919.

« Ces cours, reconnaîtra Hitler, eurent pour moi de grandes conséquences. » On y parle de l'histoire allemande depuis la Réforme, des aspects politiques de la Grande Guerre, de la théorie et de la pratique du socialisme, des rapports entre politique extérieure et politique intérieure, et même d'économie – ce dernier cours étant enseigné par Gottfried Feder, un autodidacte exalté qui milite pour « la rupture de l'asservisse-

1. *Vertrauensmann*, littéralement « homme de confiance », ainsi qu'Hitler est désigné dans les registres militaires de l'époque. Cette appellation élastique peut désigner à la fois un représentant, un intermédiaire, un agent de propagande… et surtout un indicateur. Hitler a manifestement rempli tous ces rôles, successivement ou simultanément.

2. Le gouvernement socialiste réfugié à Bamberg n'y reviendra qu'au mois d'août.

ment aux intérêts du capital » et contre « la haute finance internationale contrôlée par les Juifs ». Tout cela exerce une puissante influence sur Hitler : « Dans le cours de Feder, je pressentis un puissant mot d'ordre pour la lutte à venir. » Dans les autres cours aussi, du reste, car ce que recherche instinctivement Hitler, ce sont moins des connaissances nouvelles que des slogans propres à galvaniser l'auditoire…

Le 20 août 1919, le capitaine Mayr, ayant remarqué ses talents d'orateur, l'envoie avec 25 autres propagandistes au camp militaire de Lechfeld, près d'Augsbourg ; leur mission est de haranguer des soldats récemment libérés de captivité à l'Est, que l'on soupçonne d'avoir été « infectés par le bolchevisme ». Hitler, qui se décrit abusivement dans *Mein Kampf* comme « officier instructeur[1] », est là dans son élément. « Je me mis à l'œuvre avec le plus grand enthousiasme, car on m'offrait soudain l'occasion de parler devant un plus large auditoire. » Ses discours seront naturellement des régurgitations des cours reçus à Munich : « Qui est responsable de la Grande Guerre ? » ; « La République des conseils » ; « Socialisme et bolchevisme », « L'iniquité du traité de Versailles[2] » et « L'asservissement à la haute finance juive internationale ». Les autres instructeurs font les mêmes cours, mais ce sont ceux d'Hitler qui produisent le plus gros effet : il a un ton, une gestuelle, un langage, une énergie et une logique qui semblent captiver les soldats : « Ce que j'avais toujours pressenti sans en avoir vraiment conscience se confirmait à présent : j'étais capable de "discourir" […]. Rien ne pouvait me faire plus plaisir, car cela me permettait, avant même ma démobilisation, de servir utilement au sein d'une institution qui me tenait infiniment à cœur : l'armée. » Certes, et comme l'espérait Hitler, ses talents particuliers vont retarder l'échéance de sa démobilisation ; d'autant que dans l'armée bavaroise, qui vient d'être incorporée à la Reichswehr nationale, le capitaine Mayr dirige toujours la section

1. Ce qui n'est guère crédible, un caporal n'étant pas un officier.

2. Qui a été signé deux mois plus tôt, le 28 juin 1919. Il sépare l'Allemagne de la Prusse orientale par le corridor de Dantzig, lui impose l'occupation de la rive gauche du Rhin, la réduction de son armée à 100 000 hommes, la livraison d'énormes quantités de matériel, ainsi que des réparations qui seront fixées ultérieurement à 226 milliards de marks-or ; une clause morale comporte également la reconnaissance par l'Allemagne de sa responsabilité dans le déclenchement de la guerre.

d'information, et qu'il a d'autres missions à confier au caporal Hitler. Après tout, cet agent de propagande est resté un *V-Mann*, et Mayr doit maintenir sous surveillance une cinquantaine de petites organisations extrémistes ; le 12 septembre 1919, Hitler est donc chargé d'assister à une réunion du *Deutsche Arbeiterpartei* – le DAP, Parti des travailleurs allemands –, pour faire ensuite son rapport à la section d'information.

Au commencement était le verbe

À la brasserie Sterneckerbräu, où se tient la réunion du DAP, Hitler découvre un rassemblement d'une vingtaine de membres « appartenant principalement aux couches inférieures de la société », et après deux heures passées à écouter les intervenants, il en retire « une impression ni bonne ni mauvaise » : voilà un petit parti d'extrême droite protestataire et sans doute éphémère, comme il y en a tant d'autres à Munich en 1919. Mais pour finir, un homme se prononce en faveur du séparatisme bavarois, et Hitler ne peut résister à la tentation de le contredire – ce qu'il fait avec une fougue et une habileté qui laissent les auditeurs pantois. À la fin de la séance, le chef du parti, Anton Drexler, manifestement subjugué, lui remet une brochure rédigée de sa main, intitulée *Mein politisches Erwachen* (« Mon éveil politique »), en l'invitant à se joindre au parti.

Hitler prétendra avoir beaucoup hésité, mais c'est en fait le capitaine Mayr lui-même qui a ordonné à son agent d'adhérer au DAP pour aider à son développement, en lui donnant à cet effet 20 marks-or par semaine. Pour ce caporal toujours menacé par la démobilisation, c'est une aubaine : il garde sa place au sein de l'armée, qui le paie de surcroît pour exercer ses talents d'orateur et d'agitateur au sein d'un petit parti nationaliste, populaire, antisocialiste et antisémite. Peu avant la fin de septembre 1919, Adolf Hitler rejoint donc les rangs du DAP. Il prétendra avoir reçu la carte de membre n° 7, mais c'est un mensonge, car elle porte en fait le n° 555 – ce qui est d'ailleurs un faux-semblant, car le parti donne à ses membres des cartes commençant par 500. Hitler est donc le cinquante-cinquième membre d'un parti qui, après moins d'un an d'existence, n'a que trois douzaines d'auditeurs occasionnels, pas de bureau, pas de programme, pas de téléphone, pas de machine à écrire et pas même un tampon.

Hitler va changer tout cela ; nommé au bureau politique, ce virtuose de la propagande prend la parole dès le 16 octobre à la Hofbräukeller, la grande brasserie de la Wienerstrasse. Cette fois, il ne s'agit plus de vociférer devant les quelques auditeurs distraits de la *Männerheim* de

Sortie du Circus Krone, après un discours très applaudi.

Vienne, des cafés de Munich ou des tranchées de la Somme, ni même de haranguer l'audience captive du camp de Lechfeld : les quelque 120 habitués de la brasserie présents ce jour-là sont fort peu commodes, surtout après boire… Pourtant, Hitler parvient d'emblée à électriser l'auditoire, et il est acclamé à l'issue de sa prestation. Après cela, la confiance venant, il va parler devant des rassemblements de plus en plus nombreux : 400 personnes en novembre 1919 à l'Eberlbräukeller, 2 000 en février 1920 à la Hofbräuhaus, plus de 6 000 au Circus Krone un an plus tard.

Ses thèmes sont immuables : nationalisme, antisémitisme, antisocialisme, antiparlementarisme, anticapitalisme, dénonciation des « criminels de novembre », du « diktat » de Versailles et des « traîtres judéo-marxistes » de Berlin, promesses de revanche, de prospérité et de puissance… Tout cela exerce un attrait certain sur des Munichois frappés de plein fouet par la défaite, la terreur rouge, la pénurie alimentaire, la dévaluation de la monnaie et la crise du logement. D'innombrables propagandistes d'extrême droite exploitent déjà ces mécontentements, mais Hitler, lui, est un *Sprachmensch*, un orateur virtuose qui fait appel à l'émotion plutôt qu'à l'intellect, en sachant d'instinct annihiler l'esprit critique et déchaîner les passions. Bien des témoins de ses discours ont décrit l'effet hypnotique produit par ce mélange de conviction, de violence, d'ironie, d'exaltation, de haine, de logique, de démagogie et d'invectives[1] que prononce avec une stupéfiante variété de tons et de mouvements cet homme au costume bleu bon marché, au physique insignifiant, à la moustache courte, à la mèche rebelle et aux yeux de fanatique. Pour l'avoir entendu parler une seule fois, des hommes de toutes conditions décident de le suivre et de le soutenir : l'ancien aviateur Rudolf Hess, l'architecte balte Alfred Rosenberg, le fonctionnaire de police Wilhelm Frick, l'éditeur d'art Ernst Hanfstaengl, l'étudiant nationaliste Hans Frank, l'ancien sergent du 16ᵉ régiment Max Amann, l'instituteur antisémite Julius Streicher, l'ancien communiste et pamphlétaire exalté Hermann Esser, le maquignon et videur de bar Christian

1. Toutefois, il n'y a pas de trace à l'époque des aboiements et des hurlements qui caractériseront ses discours ultérieurs.

Affiche annonçant un rassemblement du NSDAP, avec Hitler comme orateur.

Weber, l'ancien colonel de corps franc Ritter von Epp, le photographe alcoolique Heinrich Hoffmann, l'ancien consul Scheubner-Richter, le lutteur de foire et employé municipal Ulrich Graf, l'économiste anticapitaliste Gottfried Feder, le capitaine et intendant de division Ernst Roehm, l'horloger et repris de justice Emil Maurice, le chef de la police munichoise Ernst Poehner, le pharmacien socialisant Gregor Strasser, l'agronome éleveur de poulets Heinrich Himmler, le poète opiomane Dietrich Eckart et l'homme d'affaires dilettante Kurt Lüdecke, qui résumera assez fidèlement la réaction générale en livrant ses premières impressions de l'orateur : « Mes facultés critiques ont été balayées. Il tenait les masses, et moi avec elles, sous une influence hypnotique par la simple force de sa conviction. [...] J'ai ressenti une exaltation qui ne pouvait s'apparenter qu'à une conversion religieuse. » L'éditeur et musicien Hanfstaengl, entendant lui aussi Hitler pour la première fois, le comparera à « un violoniste de talent » dont « la maîtrise de la voix, de la rhétorique et de la mise en scène n'a jamais été égalée ».

De telles performances permettent de multiplier sans cesse le nombre des adhérents : d'une cinquantaine de membres à la fin de 1919, ils sont 200 en janvier 1920, 2 000 en janvier 1921, 3 300 en août, 6 000 au début de 1922, 22 000 en février 1923 et 55 000 neuf mois plus tard… Cette augmentation exponentielle étant manifestement attribuable à l'orateur-vedette Adolf Hitler, son influence à l'intérieur du parti s'en est trouvée considérablement renforcée : en juillet 1921, il a éclipsé Drexler pour devenir le seul chef du parti ; rebaptisé NSDAP[1], celui-ci s'est fait connaître dans toute la Bavière par ses campagnes de distribution de tracts, son drapeau à croix gammée et son journal nouvellement acquis, le *Völkischer Beobachter*. Hitler, finalement démobilisé à l'été 1922, conserve son prestige d'ancien combattant, de précieuses relations au sein de la Reichswehr[2] et de nombreuses sympathies dans les milieux d'extrême droite, en Bavière comme en Autriche, en Tchécoslovaquie et en Suisse. L'adulation des foules aidant, il a vu grandir démesurément ses ambitions politiques, et il commence à se faire appeler « *Der Führer* », à l'imitation d'un Mussolini installé au pouvoir à Rome depuis la fin de 1922. Tout comme le Duce, du reste, Hitler dirige désormais son parti en autocrate.

C'est pourtant un autocrate désordonné : au désespoir des membres de son entourage immédiat – Rosenberg, Hess, Eckart, Hanfstaengl, Esser, Amann et Drexler –, le nouveau chef, qui a repris ses habitudes bohèmes, est allergique à tout travail de bureau, se lève à midi dans son minuscule meublé de la Thierschstrasse, est presque impossible à joindre dans l'après-midi, tient salon au café *Neumaier* après 17 heures, remet sans cesse à plus tard les décisions essentielles, pour les prendre ensuite brusquement, instinctivement et sans grand souci des contingences

1. *Nazionalsozialistische Deutsche Arbeiterpartei* – Parti national-socialiste des travailleurs allemands.

2. À commencer par le capitaine Roehm et le colonel von Epp, devenu ensuite général de brigade. Ceux-ci l'ont introduit à des personnages plus prestigieux encore, comme le général von Lossow et l'ancien « quartier-maître général » Erich Ludendorff.

comme des conséquences ; il est toujours en retard, honore rarement ses rendez-vous et ne consigne jamais rien par écrit ; il écoute peu, méprise beaucoup, se sent mal à l'aise au sein de groupes qu'il ne contrôle pas, fuit les confrontations individuelles et déconcerte ses contradicteurs par de brusques accès de rage. Croyant pouvoir tout régler par des discours, il rejette sur ses subordonnés la responsabilité de ses propres errements, tout en comptant sur eux pour faire vivre au quotidien un parti chroniquement à court de ressources : « Bien des fois, se souviendra Kurt Lüdecke, alors que nous devions coller des affiches annonçant un rassemblement destiné à changer la face du monde, nous manquions d'argent pour payer la colle. »

La tentation des armes

Mais les rassemblements ne s'en poursuivent pas moins dans les brasseries, et Hitler en reste la principale attraction ; ce n'est d'ailleurs pas sans risques, car les énormes chopes de bière volent bas, et il y a toujours des socialistes ou des communistes pour faire le coup de poing. Le parti a donc recruté une *Saalschutz*[1] : 300 gros bras chargés d'assurer la sécurité des réunions, sous la direction des capitaines Ehrhardt et Roehm. En octobre 1922, ce service de protection très renforcé, rebaptisé *Sturmabteilung*[2] (SA), est repris en main par le capitaine Hermann Goering, un aviateur très décoré de la Grande Guerre tombé lui aussi sous le charme particulier d'Adolf Hitler ; la SA compte bientôt 5 000 hommes regroupés en unités paramilitaires, qui s'entraînent, défilent, intimident les opposants et se distinguent lors des batailles de rues avec les socialistes et les communistes. Le capitaine Ernst Roehm, devenu officier d'intendance dans la Reichswehr, pourra leur fournir au moment opportun les armes et les équipements nécessaires à des opérations plus ambitieuses. Or, ce sont précisément celles auxquelles pense le maître du NSDAP : à force de prononcer des discours guerriers et de passer en revue ses « troupes », ce caporal décoré de la croix de fer voit grandir en lui la vocation d'un grand chef militaire doublé d'un dictateur politique. Délaissant

1. « Protection de salle. »

2. « Section d'assaut. »

des lectures plus légères[1], il se plonge dans les écrits de Frédéric II, Napoléon et Clausewitz ; son étonnante mémoire lui permet d'absorber énormément d'informations, mais il n'en retient que ce qui correspond à ses idées préconçues...

Le climat de violence qui règne dans l'Allemagne de l'époque est de nature à nourrir ses réflexions : à Berlin, le gouvernement à majorité socialiste est pris en tenaille entre les exigences économiques des vainqueurs, l'agitation permanente du monde ouvrier et les dérives nationalistes des corps francs. Ayant déjà réprimé le putsch de Kapp en mars 1920, puis les soulèvements communistes dans la Ruhr, il est pourtant hors d'état de prévenir les attentats d'extrême droite et ne peut davantage maîtriser une économie déstabilisée par le fardeau des réparations et la dévalorisation du mark. La situation se dégrade encore au début de janvier 1923, lorsque les retards apportés au paiement des réparations poussent les Français à occuper la Ruhr, déclenchant ainsi une résistance passive dont les répercussions frappent durement la population : pénurie de charbon et de denrées alimentaires, représailles françaises et aggravation constante de l'inflation[2]. Le mécontentement populaire qui en résulte affaiblit considérablement le gouvernement du chancelier Cuno et renforce d'autant les extrémistes de tous bords.

C'est surtout le cas en Bavière, où la majorité catholique et régionaliste est hostile aux autorités protestantes et centralisatrices de Berlin. Les autorités de Munich ont donc accueilli tous les mouvements nationalistes venus s'y réfugier – d'autant que le ministre-président de Bavière Gustav von Kahr, qui est monarchiste[3] et séparatiste, voit dans leurs groupes paramilitaires des alliés potentiels dans son opposition au gouvernement de Berlin. Il y a également le général von Lossow, commandant en chef de l'armée en Bavière, dont la fidélité à la république de Weimar est sujette à de longues éclipses. Lorsque le

1. Ernst Hanfstaengl remarquera dans sa petite bibliothèque une encyclopédie datant du XIXᵉ siècle, une brève histoire du monde, une biographie de Wagner, les *Mémoires de guerre* de Sven Hedin, une collection de mythes héroïques par Schwab, et de nombreux ouvrages d'art « à caractère semi-pornographique ».

2. La valeur du dollar passe de 50 000 marks en février à 80 000 en mars, 95 000 en avril et 120 000 en mai.

3. C'est-à-dire partisan du prince Rupprecht, fils de Louis III et héritier du trône des Wittelsbach.

13 août, le chef du *Volkspartei*, Gustav Stresemann, remplace le chancelier Cuno, personne ne mise un mark dévalué sur les chances de survie de son gouvernement[1] : la résistance passive a ruiné le pays, le mécontentement est général, les appels à la grève se multiplient, tandis que le dollar vaut 4 620 455 marks en août, et 98 860 000 marks en septembre.

Inflation galopante : 20 milliards de marks.

Un milliard de marks.

Lorsque le 26 septembre, le chancelier Stresemann met fin à la résistance passive et annonce la reprise des livraisons au titre des réparations, la fureur des nationalistes est à son comble ; le *Völkischer Beobachter* dénonce « la trahison des autorités », et le président Ebert, redoutant une sécession bavaroise, décrète l'état d'urgence. C'est dans ce cadre que le général von Seeckt, chef de la Reichswehr, ordonne au général von Lossow, de fermer les locaux du *Völkischer Beobachter*. Von Lossow refuse, et le 20 octobre, il est destitué. Mais von Kahr le maintient à la tête de l'armée en Bavière, et il exige la démission du chancelier

1. Une coalition du *Volkspartei*, du *Zentrum* catholique, du parti démocrate et du SPD socialiste.

Stresemann. On est au bord de la rupture entre les autorités de Berlin et le pouvoir munichois, désormais exercé par un triumvirat composé de von Kahr, de von Lossow et du colonel von Seisser, chef de la police d'État bavaroise. À ces trois hommes, on prête des projets de sécession, de restauration monarchique, et même de marche sur Berlin…

Distribution d'armes de la Reichswehr aux unités paramilitaires.

Un putsch improvisé

Hitler voit dans ce climat séditieux une chance unique de réaliser ses ambitions : après tout, son parti est fort de 55 000 membres, il a

Inflation débridée : 100 milliards de marks.

recueilli des fonds substantiels auprès de plusieurs riches protectrices[1] et de nombreux sympathisants étrangers, le général Ludendorff lui sert de caution morale, et ses SA comptent désormais 11 000 hommes – l'équivalent d'une division entière ; ils n'ont pas d'armes, mais Ernst Roehm, « le roi de la mitrailleuse », peut leur en prêter à la moindre sollicitation. Du reste, les SA se sont alliés à trois autres organisations paramilitaires, le *Bund Oberland*, le *Freikorps Rossbach* et le *Reichsflagge*, pour constituer une formation de grande ampleur, le *Deutscher Kampfbund*[2], dont Hitler assume la « direction politique ». En outre, le parti du Führer ne manque pas de complices en Bavière : la population, exaspérée par les pénuries et l'inflation[3], est séduite par la propagande du NSDAP, une bonne partie des fonctionnaires, des juges et des policiers bavarois lui est favorable, tout comme le ministre de la Justice Gürtner et le chef de la police Poehner. Enfin, il y a von Kahr, von Lossow et le colonel von Seisser, dont Hitler connaît les allégeances mouvantes et les desseins séparatistes – à tel point qu'il pense pouvoir les enrôler dans sa croisade contre les « traîtres marxistes » du gouvernement Stresemann. Car pris d'une passion messianique, le Führer clame devant son entourage qu'il va « entrer dans

1. Helene Bechstein, Elsa Bruckmann et Winifred Wagner, les premières « *Hitler Mutti* ».

2. « Union de combat allemande. »

3. En octobre 1923, le dollar vaut 25 260 280 000 marks.

Berlin comme le Christ dans le Temple de Jérusalem et en chasser les marchands ». Après bien des hésitations, il décide au matin du 8 novembre de passer à l'action... le soir même, vers 20 heures, lorsque tous les dignitaires bavarois seront rassemblés à la Bürgerbräukeller ! Le plan est simple : Goering et un détachement de SA investiront la salle et maîtriseront les principaux responsables du gouvernement et de l'armée, Hitler proclamera la déchéance du gouvernement Stresemann et la formation d'un gouvernement national provisoire à Munich, von Kahr, von Lossow et le colonel von Seisser seront entraînés dans une entreprise à laquelle Ludendorff

Hitler et Ludendorff (photomontage de l'époque).

en grand uniforme viendra apporter sa caution, tandis qu'entre-temps, Roehm et ses hommes du *Reichskriegsflagge*[1] s'empareront du quartier général du VIIe district militaire, *Rossbach* et son *Freikorps* occuperont les autres bâtiments officiels, et les hommes du *Bund Oberland* rallieront les casernes. Après cela, Hitler et ses troupes entameront une marche triomphale sur Berlin...

À l'évidence, le caporal Hitler a lu trop vite les œuvres de Napoléon, Frédéric II et Clausewitz, car sa stratégie de conquête présente quelques vices rédhibitoires : le délai d'une journée à peine pour monter une entreprise de cette ampleur est ridiculement

1. La fraction du *Kriegsflagge* favorable à Hitler.

court[1], l'obsession du secret fait que de nombreux complices seront prévenus trop tard, certains des conspirateurs sont peu sûrs[2], le conquérant en puissance n'a pas même prévu l'occupation de l'émetteur radio de Munich, et il néglige tous les renseignements sur la méfiance des autorités bavaroises à son égard et la fidélité du chef de la Reichswehr à la république de Weimar. Hitler croit pouvoir tout régler avec des discours, sans tenir compte des questions pratiques : comment destituer les autorités de Berlin depuis une brasserie de Munich ? Quel est l'état d'esprit des officiers de la Reichswehr bavaroise et de la police munichoise ? Avec quelles forces et par quels moyens va-t-on « marcher sur Berlin »? Quelle est l'opposition prévisible ? Comment pourra-t-on la retourner? Il y a eu les Cent-Jours, bien sûr, mais tous les Français connaissaient Napoléon, alors qu'Hitler est inconnu hors des limites de la Bavière... La marche sur Rome de Mussolini ? Un bluff réussi, certes, mais Stresemann et Ebert ne ressemblent en rien à Facta et à Victor-Emmanuel, von Seeckt n'est pas Badoglio, et la Reichswehr, même laminée par le traité de Versailles, représente un obstacle autrement plus coriace que l'*Esercito Nazionale*. Hitler, méprisant l'adversaire, n'a pas pris la peine d'évaluer le rapport des forces en présence ; durant la Grande Guerre, après tout, ce caporal-messager avait toujours transmis des ordres, mais il n'en avait jamais donné...

Ce curieux mélange d'amateurisme stratégique, d'irréalisme politique et de mégalomanie frénétique ne manquera pas d'influencer le déroulement du putsch. À la Bürgerbräukeller, peu après 20 heures, l'irruption des quelques dizaines de SA lourdement armés permet certes d'obtenir l'effet d'intimidation recherché, et la diatribe passionnée d'Hitler suscite l'approbation bruyante des quelque 3 000 membres de l'auditoire. Mais les harangues du Führer étant toujours moins efficaces en petits comités, l'entretien privé qui s'ensuit avec von Kahr, von Lossow et von Seisser se révèle plus difficile que prévu : ces messieurs montrent peu d'empres-

1. Hitler soupçonne von Kahr de vouloir proclamer à la Bürgerbräukeller la sécession de la Bavière et la restauration de la monarchie, ce qui explique son initiative précipitée – conçue moins comme un putsch que comme un détournement de putsch.

2. Tandis que d'autres, comme le général von Epp, qui commande 25 000 hommes, ont été détournés du NSDAP par les féroces attaques du *Völkischer Beobachter* contre les catholiques.

sement à se laisser entraîner dans un putsch qu'ils ne contrôlent pas ; le général Ludendorff, prévenu à la dernière minute, arrive bien tard et sans uniforme, ce qui réduit beaucoup l'efficacité de son intervention. Les trois dignitaires bavarois finissent tout de même par se solidariser publiquement avec les putschistes, mais leur manque d'enthousiasme est patent, et ils sont retenus après le départ des autres convives. Entre-temps, les hommes de Roehm ont réussi à occuper le siège du VIIe district militaire, mais les 300 hommes du *Bund Oberland* ne parviennent pas à rallier les casernes, et ceux du *Freikorps Rossbach* sont tenus en respect par la police devant les bâtiments officiels. Depuis la brasserie, on envoie donc un officier pour parlementer, mais Hitler tient à l'accompagner. Pour un chef de guerre, c'est une erreur de taille que d'abandonner son QG en un tel moment ; revenu bredouille une demi-heure plus tard, le Führer constate que Ludendorff a laissé partir von Kahr, von Lossow et von Seisser, au motif qu'ils ont donné leur parole et qu'« un général allemand ne revient pas sur sa parole ».

Bien entendu, les trois compères une fois libres considèrent que leur allégeance a été obtenue sous la contrainte, et aux petites heures du 9 novembre, ils vont faire diffuser par la radio un communiqué condamnant le putsch, tout en donnant à la Reichswehr et à la police l'ordre de le réprimer. À la Bürgerbräukeller, les conjurés comprennent que les choses tournent mal, et après une nuit très inconfortable passée sur les bancs de la brasserie, ils délibèrent sur la tactique à suivre : certains sont d'avis de se replier sur la frontière autrichienne en attendant l'arrivée de renforts ; mais Ludendorff, lui, refuse de laisser « le mouvement s'enliser dans le fossé de quelque obscur chemin vicinal », et il propose de se porter en masse vers le siège du VIIe district, où Roehm est cerné par l'armée et la police. Hitler, lui, est étrangement irrésolu – comme toujours lorsqu'il s'agit de prendre une décision immédiate –, mais il finit par se ranger à l'avis de Ludendorff : après tout, un caporal hésite instinctivement à contredire un général, surtout lorsqu'il se nomme Ludendorff ; et puis, en se rendant au centre de Munich, Hitler espère rallier le peuple à sa cause.

Les putschistes en chemin. Le camion porte l'inscription :
« Troupe de choc Hitler, Munich ».

C'est donc un cortège de 2 000 hommes armés, marchant en colonnes par quatre et précédé d'un camion bondé, qui s'ébranle peu après
11 h 30 au matin du 9 novembre ; il traverse l'Isar en empruntant le
Ludwigsbrücke et se dirige vers la Marienplatz. Cette fois encore, l'opération est improvisée : l'émule de Clausewitz et de Frédéric II ignore la
nature de l'opposition qu'il rencontrera, et il n'a pas envoyé d'éclaireurs
pour reconnaître le terrain. Le cortège débouche dans un certain désordre sur la Marienplatz, puis se dirige vers l'Odeonsplatz. Le général
Ludendorff marche en tête de la troupe, qui s'engage derrière lui dans
l'étroite Residenzstrasse, pour s'apercevoir trop tard qu'elle est barrée
à son extrémité par les hommes de la *Grüne Polizei*, la police d'État.
Ceux-ci hésitent à tirer, mais Hitler, manquant de diplomatie, leur crie
« Rendez-vous ! », et un coup de feu part du cortège. Dès lors, les po-

liciers tirent : une grêle de projectiles balaie la rue, et les premiers rangs de marcheurs plongent à terre. Seize hommes ne se relèveront pas, Goering est grièvement blessé, tandis que Ludendorff poursuit sa marche vers le cordon de police, qui s'ouvre respectueusement pour le laisser passer ; Hitler, le bras gauche déboîté, fait demi-tour et repart en trébuchant vers l'arrière du cortège, où il est embarqué dans une voiture qui démarre aussitôt. Son opération de retraite elle-même constitue une erreur tactique : il part se réfugier à Uffing, dans la maison de son compère Hanfstaengl, où la police ne peut manquer de le rechercher. De fait, le putschiste malheureux y est arrêté moins de quarante-huit heures plus tard.

La tentative de putsch du 9 novembre 1923 à Munich.

Timbre commémoratif de la journée du 9 novembre 1923.

4
RÉSISTIBLE
ASCENSION

Un accusé accusateur

À la fin de l'année 1923, le NSDAP a pratiquement cessé d'exister : les autorités bavaroises l'ont dissous par décret, ses principaux dirigeants ont été arrêtés, les autres ont franchi la frontière autrichienne[1], le *Völkischer Beobachter* a été fermé, les biens du parti ont été confisqués et toutes les « associations patriotiques » désarmées. Dans sa prison-forteresse de Landsberg, à 60 kilomètres de Munich, Hitler attend d'être jugé pour haute trahison et soulèvement armé, en même temps que ses principaux coinculpés[2]. Il désespère, annonce qu'il va entamer une grève de la faim et songe même à se suicider. Mais sa dépression ne sera que passagère, car il prend rapidement conscience de l'embarras de ses accusateurs, de l'importance des secrets qu'il détient et des failles du système judiciaire bavarois. De tout cela, il est résolu à tirer le meilleur parti…

C'est ce qu'il va faire dès le 26 février 1924, lorsque débutent les auditions devant la cour spéciale réunie dans l'ancienne école d'infanterie de la Blutenburgstrasse. Hitler va profiter au maximum de la présence des journalistes, de la complaisance des juges, de la pusillanimité du procureur, de la vulnérabilité des témoins à charge[3] et de la complicité du ministre de la Justice Gürtner pour transformer le tribunal en tribune, et passer de la position d'accusé à celle d'accusateur. Loin de tenter de minimiser son rôle comme le fait Ludendorff, il revendique pleinement la responsabilité de la tentative d'insurrection : « Je suis le seul responsable, mais je ne suis pas un criminel pour autant. [...] Il ne peut y avoir de haute trahison contre les traîtres de 1918. Je ne peux être accusé de haute trahison, car la trahison n'aurait pas été liée aux événements du 8 novembre, mais à toutes nos activités et à tout notre état d'esprit au cours des mois précédents – et dans ce cas, je me demande pourquoi ceux qui ont fait exactement comme moi ne sont pas assis

1. Goering, Hesser, Rossbach, Lüdecke, Hoffmann et Hanfstaengl.

2. Ludendorff, Poehner, Frick, Roehm, Weber et Kriebel.

3. Notamment von Kahr, von Lossow et von Seisser, qui ont dû démissionner au début de 1924. Tout le monde sait qu'ils ont donné leur parole à Hitler au soir du 8 novembre, mais personne ne doit apprendre qu'ils ont comploté auparavant pour marcher sur Berlin et renverser la république de Weimar.

à mes côtés sur le banc des accusés[1]. [...] Vous pouvez nous prononcer mille fois coupable, mais cela fera rire la déesse de l'éternel tribunal de l'histoire, qui déchirera en mille morceaux le réquisitoire du procureur et la sentence de cette cour. »

Les accusés devant le tribunal. De gauche à droite : Pernet, Weber, Frick, Kriebel, Ludendorff, Hitler, Brückner, Roehm et Wagner.

Ces interminables logorrhées ont sur les juges un effet à la fois soporifique et hypnotique. Il est impossible d'acquitter Hitler, car l'affaire serait alors rejugée par le tribunal de Leipzig, qui découvrirait immanquablement les activités séditieuses des autorités bavaroises ; mais il est tout aussi impossible de le condamner lourdement, car cela pourrait l'inciter à donner aux journalistes bien des précisions embarrassantes sur les complicités dont il a bénéficié avant le 8 novembre. Le verdict prononcé le 1er avril 1924 sera donc de cinq années

1. Allusion transparente aux trois témoins à charge précités.

de forteresse, diminuées des cinq mois déjà passés en prison et assorties d'une promesse tacite de libération anticipée. Ses principaux complices sont condamnés à la même peine, à l'exception de Ludendorff qui est acquitté. Mais pour Hitler, le principal est acquis : après une tentative de putsch qui l'avait fait sombrer dans le ridicule, sa prestation devant les juges l'a rendu célèbre dans toute l'Allemagne ; son emprisonnement en fera un martyr de surcroît...

« L'université aux frais de l'État »

Hitler entame sa captivité dans des conditions de confort très acceptables : selon Lüdecke, Landsberg ressemble davantage à un sanatorium qu'à une prison, et si l'on en croit Hanfstaengl, il y a même des sanatoriums plus austères : « Les quartiers d'Hitler et de Hess[1] étaient moins des cellules qu'une suite de pièces formant un appartement. L'endroit avait l'air d'une boutique de traiteur. […] Les gens lui envoyaient des cadeaux de toute l'Allemagne […]. Il y avait sur la table des jambons de Westphalie, des gâteaux, du cognac et toutes les denrées imaginables. On aurait dit les réserves d'une expédition polaire fantastiquement bien équipée. » L'homme que ses très prévenants geôliers appellent « le prisonnier d'honneur » est donc délivré de toute contrainte matérielle au sein de ce qu'il appellera « mon université aux frais de l'État ». Il se met à lire tout ce qui est disponible : Nietzsche, Houston Chamberlain, Ranke, Treitschke, Marx, les *Pensées et souvenirs* de Bismarck, et beaucoup de mémoires de guerre des responsables militaires et des chefs d'État allemands et alliés[2]. S'est-il vraiment instruit pour autant ? On sait que le Führer ne cherche dans ses lectures que la confirmation de ses propres idées – ce qu'il reconnaît implicitement en confiant à l'avocat Hans Frank : « Ces livres ont permis d'établir la justesse de mes vues à long terme »...

Mais Hitler ne fait pas que lire ; il écrit aussi un long texte tenant à la fois du pamphlet et

1. Rudolf Hess s'est constitué prisonnier pour pouvoir demeurer en compagnie de son Führer.

2. Et sans doute aussi les écrits géopolitiques de Haushofer, dont Rudolf Hess a été l'élève. Haushofer étant un grand admirateur du Japon, ses vues exerceront une influence certaine – et fatale – sur celles d'Hitler à la fin de 1941.

de l'autobiographie politique. C'est une version très idéalisée de ses jeunes années, de ses faits de guerre et de son engagement politique, dans laquelle il tient invariablement le rôle du héros. Bien entendu, il y est beaucoup question des origines du NSDAP, des « criminels de novembre », et plus longuement encore du complot judéo-marxiste qui menace l'Allemagne et le monde. Enfin, on y trouve une description du « grand homme », à la fois théoricien, organisateur et dirigeant, qui ressemble beaucoup à un autoportrait... Mais si Hitler a le génie du discours, il ne sait pas écrire, et Hanfstaengl, qui lit les 70 premières pages de l'œuvre, est horrifié par « la phraséologie d'écolier et les fautes de style manifestes ». De nombreux autres relecteurs tentent d'y remédier, dont Rudolf Hess, Max Amann, le père Bernard Stempfle et l'imprimeur du parti Adolf Müller. Mais le manuscrit n'en reste pas moins assommant, et le titre que le Führer veut lui donner est à l'image de l'ensemble : *Quatre ans et demi de Lutte contre les Mensonges, la Stupidité et la Lâcheté*. C'est l'ancien sergent Max Amann qui trouvera un titre plus... commercial : *Mein Kampf* – « Mon combat ».

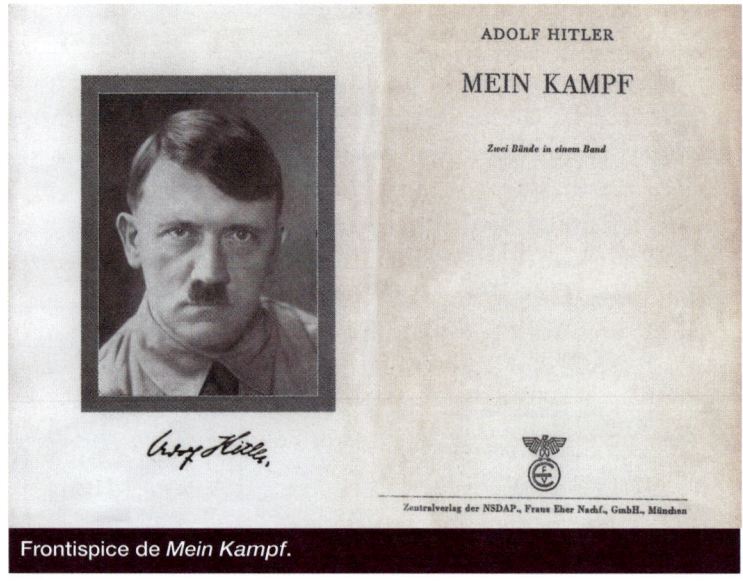

Frontispice de *Mein Kampf*.

Le 19 décembre 1924, en dépit des objections du procureur, la Cour suprême de Bavière autorise la remise en liberté du prisonnier ; Hitler quitte donc Landsberg dès le lendemain, après seulement treize mois de forteresse. C'est pour retrouver à Munich un NSDAP clandestin déchiré par d'incessantes querelles entre ses lieutenants : une fraction comprenant Rosenberg, Ludendorff et Strasser est férocement opposée à une seconde menée par Esser et Streicher – avec au sein du *Völkischer Beobachter* un troisième groupe, composé d'Anton Drexler allié à Gottfried Feder[1]. Quant à Roehm, s'il a maintenu la cohésion des SA malgré leur interdiction, il les a aussi éloignés quelque peu du parti... Hitler va donc devoir rétablir l'ordre, tout en s'efforçant de persuader le nouveau chef du gouvernement bavarois Heinrich Held de légaliser à nouveau le parti ; il y parviendra en peu de temps, mais restera personnellement interdit de parole lors de rassemblements publics, en Bavière et ailleurs. Du reste, le paysage politique et économique allemand a beaucoup changé depuis un an : l'introduction du Rentenmark a mis fin à l'inflation débridée, l'agitation nationaliste a été réprimée, le plan Dawes et l'afflux des capitaux américains ont ouvert la voie à la reprise économique, et le traité de Locarno va bientôt réconcilier les autorités allemandes avec leurs anciens ennemis de la Grande Guerre. Voilà qui restreint les possibilités d'action du NSDAP, qui ne prospère que sur le terreau de la ruine économique, des tensions internationales, de la faiblesse gouvernementale et du mécontentement populaire.

Idées fixes

Ayant regagné sa petite chambre de la Thierchstrasse, Hitler peut méditer à loisir sur les leçons du putsch manqué, dont il tire rapidement quelques conclusions définitives et hautement personnelles : s'il a échoué, ce n'est évidemment pas en raison de ses propres erreurs – l'homme est absolument incapable de se remettre en question –, mais du fait de la trahison ou de l'incompétence de ses acolytes. D'où sa ferme résolution de ne plus s'allier à quelque mouvement que ce soit, et de

1. Ces derniers contestent les méthodes dictatoriales d'Hitler, et le rendant responsable de l'échec du putsch.

ne jamais accepter autre chose que le pouvoir suprême. Après tout, depuis sa prestation au procès de Munich et son année d'emprisonnement, tout le monde en Allemagne connaît le nom d'Adolf Hitler ; en outre, il reçoit d'innombrables lettres d'adulation, ce qui ne peut que renforcer une mégalomanie déjà très accentuée. De son échec, le Führer a tiré deux autres conclusions. D'une part, le retournement de von Lossow durant la matinée du 9 novembre l'a beaucoup marqué, et il a déclaré à son entourage : « De toute ma vie, je ne croirai plus la parole d'honneur d'un officier. Un de ces jours, ces messieurs sauront ce que je pense d'eux ! » – une promesse qui n'est pas à prendre à la légère chez ce personnage monomaniaque et vindicatif. Mais d'autre part, il a compris qu'il ne l'emporterait jamais sur l'armée dans une épreuve de force ; or, les dirigeants de la Reichswehr étant résolument légalistes, cela implique

Les SA, une force d'intimidation.

pour Hitler l'obligation de parvenir au pouvoir en gagnant les suffrages du peuple. L'entreprise s'annonce ardue, mais Hitler est d'autant plus confiant dans ses talents de persuasion qu'il sera utilement secondé par la capacité d'intimidation des SA…

Enfin, il y a sa *Weltanschauung* – sa conception du monde – qui, si l'on en croit Hitler, se serait formée lors de son incarcération. Il en livre l'essentiel dans le second tome de *Mein Kampf*, dont il a entrepris la rédaction dès sa libération ; si l'indiscutable nécessité d'un « règlement de comptes » avec la France y est affirmée, ce n'est pas là l'essentiel de la mission que doit se fixer l'Allemagne : « Nous devons reprendre les choses là où nous les avions laissées il y a six cents ans […] et tourner notre regard vers les terres de l'Est. […] On peut voir dans le bolchevisme russe la tentative des Juifs de conquérir le monde. […] Lorsque nous parlons de nouvelle terre et de nouvel espace, nous ne pouvons que penser de prime abord à la Russie et aux pays voisins qui lui sont soumis. […] C'est l'épée qui donnera le sol à la charrue allemande. » La prose est touffue, mais le message est clair : il s'agit bien de conquérir un espace vital à l'Est[1].

Quoi que prétende Hitler, tout cela n'est pas le produit de savantes lectures ou d'intenses réflexions mûries durant son année d'emprisonnement. À partir de 1920, sous une forme ou sous une autre, ses auditoires et son entourage l'ont entendu tenir des propos tout à fait similaires ; dès juin 1922, il déclarait en public que la mission de l'Allemagne était de détruire le bolchevisme, en même temps que « l'ennemi mortel, le Juif ». Dix mois plus tard, il confiait à Ernst Hanfstaengl lors d'un pique-nique au bord du Danube : « Au cours de la prochaine guerre, le plus important sera de mettre la main sur les ressources en grains et en vivres de la Russie occidentale. » Cette réflexion bucolique était bientôt suivie d'une autre, au sujet de la Tchécoslovaquie : « Il est aberrant de laisser cet État étranger au milieu de nos lignes de communication. » Le soir même de sa sortie de Landsberg, il hurle : « Nous obtiendrons en France des résultats décisifs. Nous raserons Paris. Nous devons briser les chaînes de Versailles ! »

1. Il est intéressant de noter qu'à la fin du volume, Hitler envisage une alliance avec la Grande-Bretagne pour procéder à cette conquête…

Voilà donc une continuité inquiétante dans l'agressivité, mais en 1925, ce ne sont là que les élucubrations du chef contesté d'un petit parti à peine reconstitué ; Hitler est sans ressources avouables, interdit de parole en public, et même apatride depuis qu'il a renoncé à la nationalité autrichienne[1]. Après la mort d'Ebert, le maréchal

Hindenburg, maréchal-président.

Hindenburg a été élu président, et la relative stabilité politique comme la prospérité renaissante ont considérablement limité l'audience du NS-DAP, que le ministère de l'Intérieur du Reich considère en 1927 comme « numériquement insignifiant et hors d'état d'exercer une influence notable sur les masses comme sur l'évolution politique du pays ». Ce jugement est amplement confirmé l'année suivante, lorsque le parti d'Hitler se présente aux élections législatives : il recueille seulement 2,6 % des voix[2].

Reconstruction

Pourtant, plusieurs éléments ont échappé aux observateurs superficiels : d'une part, le Führer s'est progressivement imposé comme seul chef du parti, en éloignant tous ses rivaux potentiels – Drexler, Ludendorff, Roehm, Strasser et Esser –, en se subordonnant quelques vétérans des années « glorieuses » comme Rosenberg, Hess, Streicher, Himmler, Lüdecke et Goering[3], et en ralliant de nombreux autres, à commencer par Goebbels, Dietrich et le prince August Wilhelm[4]. D'autre part, si le parti ne compte que 100 000 membres, ils sont désormais répartis dans toute l'Allemagne. Par ailleurs, les SA se

1. « Sur sa propre demande, le gouvernement autrichien lui a accordé la déchéance de nationalité en 1925, moyennant le paiement d'une redevance de 7 schillings et 50 groschen. Il ne pourra acquérir la nationalité allemande qu'en 1932.

2. Grâce au système électoral de représentation proportionnelle, il aura tout de même 12 députés au Reichstag – sur 491.

3. Revenu en novembre 1927 de Suède où il s'était exilé, Hermann Goering s'est lancé dans les affaires à Berlin, a noué d'utiles contacts avec les capitaines d'industrie, et s'est fait élire député du NSDAP en 1928.

4. Goebbels est un ancien protégé de Strasser passé dans le camp d'Hitler, Otto Dietrich, issu d'une famille industrielle de la Ruhr, est devenu l'attaché de presse d'Hitler, et le prince August Wilhelm, deuxième fils du Kaiser, s'est même engagé dans les SA.

sont beaucoup développés sous l'autorité du successeur de Roehm, Pfeffer von Salomon, et ils tiennent la rue contre les milices ouvrières, tout en participant à des défilés propres à séduire les jeunes et à intimider les adultes – notamment lors des rassemblements annuels du parti à Nuremberg ; à leurs effectifs sont venus s'ajouter ceux des SS : 200 hommes au départ, qui forment la garde personnelle du Führer. Et puis, l'interdiction faite à Hitler de s'exprimer en public est levée dès 1927 en Bavière et l'année suivante dans toute l'Allemagne, lui restituant ainsi son arme la plus dangereuse : la parole. Enfin, grâce aux relations de Goering et de Dietrich, le NSDAP a reçu des subsides de certains magnats de la Ruhr, comme Emil Kirdorf et Fritz Thyssen, ce qui va lui permettre de développer son action et d'acheter à Munich le vaste

Rassemblement du NSDAP, sous la bannière : « Allemagne, éveille-toi ! »

immeuble de la Briennerstrasse, qui deviendra son siège sous le nom de « Maison brune ». Hitler lui-même, après s'être acheté un chalet sur l'Obersalzberg, peut emménager dans un luxueux appartement de neuf pièces au n° 41 de la Prinzregentenplatz. Mais naturellement, rien de tout cela n'aurait pu rapprocher le Führer du pouvoir, si n'était survenue sur ces entrefaites la grande crise économique de 1929.

Divine surprise

Après le krach de Wall Street en octobre 1929, les financiers américains commencent à retirer leurs capitaux d'Allemagne, ce qui touche l'industrie de plein fouet, ruine l'agriculture, paralyse les exportations et enfonce brusquement le pays dans la crise. Au début de 1929, il y avait 2 millions de chômeurs ; au printemps de 1930, il y en a le double, et le mécontentement se concentre sur le gouvernement du chancelier social-démocrate Hermann Müller, qui doit démissionner. Son successeur, Heinrich Brüning, se trouve contraint de gouverner par décrets signés du président Hindenburg et approuvés *a posteriori* par des majorités changeantes au Parlement. Mais dès le début de l'été 1930, ces majorités font défaut, et le 18 juillet, Hindenburg doit dissoudre le Reichstag. Il y aura donc des élections législatives le 14 septembre, et pour le parti d'Hitler c'est une occasion inespérée... Au cours des deux mois qui suivent, le NSDAP va faire un effort sans précédent pour exploiter le mécontentement des paysans, des ouvriers, des commerçants, des fonctionnaires, des militaires, des artisans, des aristocrates, des catholiques, des nationalistes et même des communistes... À l'issue d'une campagne de propagande colossale, de 34 000 rassemblements électoraux dans tout le pays et d'une mobilisation totale des SA[1], le NSDAP obtient 6,4 millions de voix et 107 sièges au Reichstag. Pour Adolf Hitler, c'est un triomphe inespéré : avec la deuxième force politique au Parlement[2], il va pouvoir créer une agitation politique permanente, harceler le gouvernement... et préparer son accession au pouvoir.

1. À nouveau commandés par Roehm, que le Führer a fait revenir de Bolivie où il entraînait l'armée locale.

2. Derrière le SPD, qui a remporté 143 sièges.

Hitler en campagne électorale. Derrière lui, Ernst Roehm.

Une campagne hautement motorisée.

Ce sera plus difficile que prévu, car Hitler veut être chancelier et le président y est farouchement opposé – ainsi qu'il le lui fait clairement comprendre lors d'une entrevue glaciale le 10 octobre 1931. Après le départ du visiteur, Hindenburg s'exclame : « Nommer cet homme-là chancelier ? J'en ferai un ministre des Postes, et il pourra lécher les timbres à mon effigie ! » Mais au début de 1932, le septennat du vieux maréchal arrive à son terme, et il compte se représenter. Après un mois d'hésitations, Hitler décide de se porter candidat contre lui ; c'est évidemment une entreprise téméraire pour un ancien caporal que de défier le héros de Tannenberg[1], mais le Führer ne doute de rien, et il se lance à corps perdu dans la bataille : entre février et avril 1932, on le verra sillonner l'Allemagne en voiture, en train et même en avion pour haranguer les foules ; les meilleurs orateurs, Strasser, Goebbels, Esser et Goering, sont mobilisés pour soutenir sa campagne. Le 13 mars, enfin, Hindenburg recueille 18,6 millions de voix et Hitler 11,4 seulement, mais faute de majorité absolue, il faut procéder à un second tour le mois suivant. Au soir du 10 avril, Hitler obtient 13 millions de voix, mais Hindenburg en remporte 19,5, ce qui est plus que suffisant pour être élu.

Hitler a donc perdu, mais cet effort de propagande sans précédent a fait de lui une figure nationale. En outre, le chancelier Brüning a commis quelques impairs pendant et après la campagne, notamment en faisant interdire les SA et en annonçant que les grands domaines de Prusse orientale trop obérés seraient ouverts à la colonisation intérieure. La première mesure lui vaut des attaques virulentes du parti nazi au Reichstag, et la seconde provoque la colère du président Hindenburg[2], qui l'oblige à démissionner le 30 mai 1932. Le vieux maréchal lui choisit pour successeur Franz von Papen, un aristocrate membre du *Zentrum* catholique, fortuné, diplomate, affable, audacieux, beau parleur, cavalier émérite et bien connu pour ses exploits de guerre. Mais de nouvelles élections législa-

---

1. D'autant qu'Adolf Hitler n'est toujours pas allemand à cette époque. Il va le devenir à la veille même de la campagne électorale, au moyen d'un artifice juridique : la majorité nazie au pouvoir dans le Land de Brunswick le fait nommer fonctionnaire avec le titre d'*Oberregierungsrat*, ce qui lui confère automatiquement la nationalité allemande.

2. Hindenburg étant lui-même propriétaire du domaine de Neudeck, en Prusse orientale.

tives sont prévues pour le mois de juillet, et elles vont mobiliser entièrement les énergies du parti d'Hitler. Tous les moyens de propagande sont employés, ainsi que les 400 000 SA de Roehm – quatre fois les effectifs de la Reichswehr – et les SS de Himmler ; ces solides gaillards ne se contentent plus de faire le coup de poing contre les communistes : ils ont des armes et n'hésitent pas à s'en servir ; les « rouges » répliquent, et le sang coule. L'intimidation, la dégradation de l'économie et le chiffre effarant de 6 millions de chômeurs garantissent pratiquement aux nationaux-socialistes un nouveau succès électoral, mais les résultats de la

« Hitler *sera* président du Reich ».

consultation du 31 juillet 1932 sont stupéfiants : le NSDAP obtient près de 14 millions de voix et devient le premier parti au Reichstag, avec 230 sièges.

Un tel résultat aurait pu décider le président Hindenburg à nommer Hitler chancelier, mais il n'en fera rien : le comportement des SA durant la campagne électorale l'a beaucoup choqué, il craint le déclenchement d'une guerre civile et méprise toujours le « caporal bohémien », qu'il considère comme un apprenti dictateur. Il n'offre donc à Hitler que le poste de vice-chancelier – que le Führer refuse avec mépris –, et nomme à nouveau chancelier son favori, Franz von Papen, qui constitue un « cabinet des barons » avec von Neurath aux Affaires étrangères et von Schleicher à la Guerre. Mais von Papen doit à son tour gouverner par

Le président Hindenburg à Potsdam, avec son fils Oskar.

décrets, car il ne peut réunir aucune majorité parmi les 32 partis représentés au Reichstag, tandis qu'Hitler est résolu à tout faire pour écourter son passage aux affaires. Le fait que Hermann Goering ait été élu président du Reichstag est de nature à lui faciliter la tâche, et à l'été de 1932, le Führer a toute confiance en la victoire finale.

La prochaine guerre

C'est précisément au début d'août 1932 que Hermann Rauschning, le président du sénat de Dantzig, accompagné d'Albert Forster, le gauleiter de la ville, rend visite à Hitler dans son chalet de l'Obersalzberg, *Haus Wachenfeld*. La conversation – ou plutôt le monologue – qui s'ensuit durant la soirée et la matinée du lendemain permet de connaître assez précisément l'évolution des conceptions géopolitiques et stratégiques du Führer depuis 1925 : « La prochaine guerre, dit-il à Rauschning, ne ressemblera en rien à celle de 1914. Plus d'attaques d'infanterie, plus d'assauts en masses compactes. Tout cela, c'est périmé. Quant au grignotement du front, s'éternisant pendant des années, je vous affirme qu'on ne reverra plus jamais cela. C'était une déliquescence de la guerre. […] Oui, cette fois, nous retrouverons la supériorité que donne la liberté de manœuvre. » Et Rauschning de poursuivre son récit : « Hitler nous exposa ensuite les grandes lignes de sa guerre à lui. […] On sentait qu'il s'était longuement occupé de ces questions, et qu'il avait la conviction d'être un nouveau grand stratège, une sorte de futur "Seigneur de la Guerre", dans un sens jusqu'alors inconnu : "Si je fais la guerre, Forster, j'introduirai peut-être en pleine paix des troupes dans Paris. Elles porteront des uniformes français. Elles marcheront au grand jour dans les rues, où personne n'aura même l'idée de les arrêter. J'ai tout prévu dans le moindre détail. Elles marcheront sur le siège de l'état-major, elles occuperont les ministères, le Parlement. En quelques minutes, la France, la Pologne, l'Autriche, la Tchécoslovaquie seront privées de leurs dirigeants. Les armées décapitées de leurs états-majors, tous les gouvernants liquidés, il régnera une confusion inouïe. […] Aujourd'hui, Messieurs, vous ne me croyez pas, pourtant, je ferai comme je vous le dis […]. Obtiendrons-nous la défaite morale de l'adversaire avant la guerre ? Voilà la question qui m'intéresse. […] Jamais je ne commencerai une guerre sans avoir auparavant la certitude absolue que mon adversaire démoralisé succombera sous le premier choc. […] Des attaques aériennes massives, des coups de main, des actes de terrorisme, le sabotage, des attentats perpétrés à l'intérieur, l'assassinat des dirigeants, des attaques écrasantes sur tous les points faibles de la défense adverse, assénées comme des coups de marteau, simultanément, sans se soucier des réserves ni des pertes, telle est la guerre future. […] Je ne jouerai pas au soldat et je ne m'en laisserai pas imposer par les stratèges. La guerre, c'est moi qui la mènerai !" »

L'ébahissement de ses interlocuteurs est palpable, mais Hitler poursuit : « Ce que nous voulons, c'est anéantir l'adversaire. Les généraux, malgré les enseignements de la guerre passée, veulent continuer à se comporter comme des chevaliers d'autrefois. Ils se croient obligés de conduire les guerres comme des tournois du Moyen Âge. Je n'ai que faire de chevaliers. Ce qu'il me faut, ce sont des révolutions. Je ne reculerai devant rien. Il n'y a pas de droit international, il n'y a pas de traité qui m'empêchera de profiter d'un avantage lorsqu'il se présentera. La prochaine guerre sera terriblement sanglante et cruelle. Mais la guerre la plus cruelle sera aussi la guerre la plus douce, parce qu'elle sera la plus courte. [...] La guerre sera ce que je veux qu'elle soit. *La guerre, c'est moi !* »

Et tout cela dans quel but ? « L'Allemagne ne sera véritablement l'Allemagne que lorsqu'elle sera l'Europe. [...] Le bassin de Bohême-Moravie, les territoires qui s'étendent immédiatement à l'est de l'Allemagne seront colonisés par nos paysans allemands. Nous transplanterons les Tchèques et autres Slaves de ces régions en Sibérie ou dans les terres de Volhynie[1]. Nous leur assignerons des "réserves" dans les nouveaux États confédérés du Reich. Notre mission est de subjuguer les autres peuples. Le peuple allemand est appelé à donner au monde la nouvelle classe de ses maîtres. » Et avec quelles armes fera-t-on tout cela ? « Je ferai construire la plus grande flotte aérienne du monde. Nous aurons les pilotes les plus intrépides. Évidemment, nous aurons aussi une forte armée de terre. » Et qui commandera toutes ces forces ? Le « grand homme », naturellement, celui qui est à la fois « théoricien, organisateur et dirigeant », et qui a une confiance illimitée en ses capacités comme en son intuition. Ainsi donc, Hitler n'a pas varié en douze ans : il a conservé tout son fanatisme, ses rêves fous de conquête contre la France à l'ouest, contre l'Europe centrale et la Russie à l'est, contre la terre entière enfin, pour « donner au monde la nouvelle classe de ses maîtres ». Or, rien de tout cela n'a été dit au conditionnel, tant Hitler est certain de son arrivée prochaine au pouvoir...

Le triomphe de l'obstination

Pourtant, von Papen s'accroche au pouvoir jusqu'au scrutin de novembre ; la situation économique commence à s'améliorer, et certaines initiatives d'Hitler provoquent des remous dans l'opinion. Dès lors les élections législatives du 6 novembre 1932 se révèlent décevantes pour le NSDAP, qui perd

1. Région historique du nord-ouest de l'Ukraine.

2 millions de voix et 34 sièges ; mais il n'en reste pas moins le premier parti au Reichstag, dont Hermann Goering conserve la présidence. Le maréchal Hindenburg, toujours décidé à écarter Hitler de la Chancellerie, trouve un nouveau candidat : le général von Schleicher, qui se fait fort de réussir là où tous ses prédécesseurs ont échoué. Mais c'est compter sans les innombrables divisions au sein du Reichstag, l'animosité des nationaux-socialistes, les intrigues d'un von Papen furieux d'avoir été évincé, et les contacts noués par le président du Reichstag avec l'entourage du vieux maréchal. À la suite de tractations prolongées avec von Papen, le fils de Hindenburg Oskar et son secrétaire Meissner, Goering et le chef des nationaux-allemands Hugenberg parviennent à persuader le président d'accepter le « caporal bohémien ». Et lorsque le 28 janvier 1933, von Schleicher, abandonné par Hindenburg, est acculé à la démission, l'heure d'Hitler a sonné : le 30 janvier, il est reçu par le président, qui le nomme chancelier du Reich, avec von Papen pour vice-chancelier. L'engrenage fatal est enclenché…

Le gouvernement de janvier 1933 : Hitler entre Goering et von Papen.

5

LA MARCHE
À LA GUERRE

Hindenburg et von Papen pensaient pouvoir encadrer Hitler : flanqué d'un vice-chancelier et disposant seulement de 3 ministres nationaux-socialistes sur 11, avec le ministère de la Défense restant aux mains d'un homme de confiance du président[1], le Führer sera sûrement contraint de mener une politique modérée. Mais Franz von Papen va s'apercevoir trop tard qu'Adolf Hitler n'est pas un gentleman, que tout partage du pouvoir lui est insupportable, et qu'il n'a que faire des dispositions constitutionnelles. On assistera donc à un démantèlement progressif mais implacable de l'ensemble des institutions politiques de la république : engagement de 50 000 SA et SS comme policiers auxiliaires, incendie du Reichstag le 27 février 1933, ordonnance « pour la protection du peuple et de l'État » permettant de suspendre la liberté de la presse et de réunion, d'abolir le secret postal, téléphonique et télégraphique, et surtout d'arrêter 5 000 « traîtres marxistes » ; les élections du 5 mars ne donnent pas la majorité absolue au parti national-socialiste, mais il suffit d'invalider les 81 sièges du parti communiste pour l'obtenir ; on peut ensuite faire voter la loi d'habilitation, qui permet au gouvernement d'édicter toute mesure pendant quatre ans sans en référer au Reichstag...

Incendie du Reichstag, 27 février 1933.

1. Le général von Blomberg.

Dès lors, la prise de contrôle s'accélère : les membres du NSDAP ont un accès privilégié à la fonction publique, les autorités des Länder sont invitées à harmoniser leur législation avec celle du Reich, la première campagne de boycott des magasins juifs débute en avril, Goebbels devient ministre de la Propagande et Goering ministre de l'Air[1], la Gestapo est créée en mai et les premiers camps de concentration s'ouvrent peu après.

Hitler entre Goering et Goebbels.

Timbre de deuil.

Ainsi, avant même la fin de 1933, le chancelier Hitler a épuré son gouvernement, balayé ses adversaires politiques, jugulé les libertés, laminé l'opposition, étouffé les Länder, éliminé les syndicats, mis au pas les Églises, bâillonné le Reichstag, instauré un État policier et largement imposé son autorité. Mais il n'est pas encore le maître suprême : au-dessus de lui, il y a le président Hindenburg, fort de son prestige et du soutien inconditionnel de l'armée ; au-dessous de lui, il y a les dirigeants SA, emmenés par Roehm, qui tendent de plus en plus à former un État dans l'État. Ce dernier problème sera réglé dès la fin de juin 1934, avec l'élimination physique des principaux dirigeants SA au cours de la Nuit des longs couteaux[2]. Quant au premier obstacle, il disparaît un mois plus tard, avec la mort du maréchal Hindenburg. Dès lors, Hitler s'attribue les fonctions de président, ce qui lui permet de cumuler tous les pouvoirs, de devenir chef des armées, et même d'exiger de chaque militaire un serment de fidélité à sa personne. Dès lors, le Führer n'aura plus qu'une priorité : le réarmement.

1. Hitler s'était pourtant engagé devant Hindenburg à ne pas modifier la composition du gouvernement après les élections.

2. Leur chef, Roehm, fera naturellement partie des victimes.

Affiche de campagne électorale : « Le Reich ne sera plus jamais détruit, si vous êtes unis et loyaux »

Réarmement dissuasif

Le traité de Versailles avait imposé à l'Allemagne une armée de terre limitée à 100 000 soldats et une marine de guerre réduite au minimum, tout en interdisant les sous-marins, les tanks et l'aviation de combat. Mais bien avant l'arrivée d'Hitler au pouvoir, la Reichswehr avait entrepris de se soustraire à ces obligations, en formant une armée de cadres, en construisant des répliques de blindés montées sur châssis automobile, et en faisant entraîner ses pilotes et ses tankistes en URSS. Mais ce réarmement secret avait un coût, et à une époque où la situation économique justifiait d'autres priorités, le Reichstag mesurait chichement les crédits militaires. Tout cela va changer avec l'arrivée d'Hitler : aux chefs des 3 armes, il promet des crédits pratiquement illimités, il s'intéresse de près à toutes les innovations militaires et assiste personnellement aux manœuvres – ce qu'aucun chancelier n'avait fait depuis Bismarck ; il débarrasse même ses généraux de la concurrence des SA, qui les inquiétait sérieusement. L'armée de terre est transformée dès octobre 1934 en une force de 21 divisions d'infanterie, 2 de cavalerie et 1 division mécanisée[1], tandis que la marine peut commencer à construire les 6 cuirassés, 6 croiseurs, 6 demi-flottilles de destroyers et 16 sous-marins prévus par ses plans de 1932, et

Tournée d'inspection, avec l'amiral Raeder.

1. À la fin des années 1920, elle n'avait que 7 divisions d'infanterie et 3 de cavalerie.

Premier défilé de chars Panzer I.

que l'aviation reçoit tous les crédits nécessaires pour développer secrètement ses prototypes, construire 1 000 avions et commencer l'entraînement de 1 600 pilotes. Lorsqu'à l'automne de 1935, le Reich rétablit la conscription, introduit les premières divisions blindées et annonce officiellement la renaissance de l'aviation militaire allemande[1], le ministre de la Guerre von Blomberg, l'amiral Raeder et le ministre de l'Air Goering sont saisis d'une légitime fierté : l'Allemagne va retrouver une puissance militaire. Mais ils sont loin d'imaginer ce que leur Führer a l'intention de faire…

Pour l'heure, il veut surtout créer une force de dissuasion, car des violations aussi flagrantes de la lettre du traité de Versailles pourraient entraîner l'intervention immédiate des armées françaises et britan-

1. Rebaptisée « Luftwaffe ».

niques, auxquelles la Wehrmacht embryonnaire serait bien incapable de résister. Il s'agit donc de multiplier les déclarations fracassantes et les démonstrations de force à l'intention des attachés militaires étrangers, auxquels on donnera dès 1936 l'image intimidante d'une armée de 10 divisions cuirassées et d'une terrifiante armada de 1 500 avions de première ligne – alors que le Reich n'a en réalité que 3 divisions de chars légers et 4 escadres de chasseurs biplans Heinkel 51 obsolètes, ainsi que quelques bombardiers Dornier XI plus dangereux pour leurs pilotes que pour l'ennemi. Lorsqu'en mars 1936, Hitler fait pénétrer en Rhénanie démilitarisée 4 bataillons d'infanterie[1], il prend un risque considérable, en pariant sur l'efficacité de sa propagande, sur la pusillanimité des autorités françaises et sur le désintérêt du gouvernement britannique. Son bluff réussit parfaitement : il n'y a aucune réaction de la part des anciens vainqueurs de l'Allemagne. Voilà un premier triomphe qui accroît grandement le prestige d'Hitler en tant que chef de guerre.

Puissance militaire

Au cours des deux années qui suivent, il ne s'agit plus seulement de créer l'illusion : les usines tournent à plein régime, un contingent annuel de 100 000 hommes est appelé sous les drapeaux, l'armée de terre passe de 21 à 38 divisions – dont 5 blindées[2] –, la marine[3] met en chantier 3 cuirassés, 2 croiseurs, 16 destroyers et 28 sous-marins, tandis que l'aviation entreprend de constituer 30 escadres de bombardiers et 12 de chasseurs. Mais plus impressionnante que la quantité, il y a la qualité : Hitler insiste pour que l'infanterie reçoive l'équipement le plus moderne et suit de près le développement des tanks ; l'aviation se dote du meilleur chasseur au monde, le Messerschmitt Bf 109, et d'un redoutable bombardier en piqué, le Junkers 87 Stuka. Enfin, plus importantes encore que la quantité et la qualité, il y a les nouvelles

1. Qui ont ordre de se retirer au moindre signe d'intervention française. Parallèlement, la Luftwaffe déplace constamment d'un aérodrome à l'autre l'unique formation de biplans Arado 68 – non armés – disponible à l'ouest, afin de donner aux observateurs l'impression d'une force dix fois supérieure.

2. Ainsi qu'une première division SS, la *Leibstandarte* Adolf Hitler.

3. Rebaptisée « Kriegsmarine » – marine de guerre –, ce qui est déjà tout un programme.

Prototype du chasseur Messerschmitt Bf 109.

tactiques de combat : le colonel Guderian a conçu les divisions blindées comme des unités autonomes, devant comprendre leurs propres composantes d'infanterie portée, d'artillerie et d'engins de reconnaissance ; les généraux Milch et Udet ont développé une aviation d'appui tactique au sol sans équivalent en Europe, et dès le début de l'année 1937, l'intervention de la légion Condor dans la guerre civile espagnole démontre la redoutable efficacité d'une coopération étroite entre l'aviation en piqué et les attaques en masse d'unités blindées.

Pourtant, personne n'imagine que l'Allemagne puisse engager des hostilités majeures dans un proche avenir : l'infanterie n'est pas encore motorisée, l'artillerie légère reste hippomobile et il n'y a même pas d'artillerie lourde ; l'aviation peine à mettre au point un bombardier moyen fiable[1] et semble incapable de motoriser son bombardier lourd[2] ; pour ce qui est de la marine, elle ne sera dotée d'une force suffisante en cuirassés, croiseurs, destroyers, porte-avions, sous-

1. Le Dornier 17 et le Heinkel 111 sont trop lents, et le Junkers 88, plus rapide, en est encore au stade expérimental.

2. Elle renoncera même dès mars 1937 à construire un bombardier lourd quadrimoteur à long rayon d'action, aucun des trois prototypes n'ayant donné satisfaction.

marins et ravitailleurs que vers 1948. Du reste, son chef, l'amiral Raeder, a reçu toutes assurances de la part d'Hitler : « Jamais je n'aurai de guerre avec l'Angleterre. […] La flotte allemande doit donc concevoir son rôle dans le cadre de la politique continentale européenne. » De fait, le Reich a signé en 1935 un accord naval avec Londres qui lui permet de porter ses effectifs à 35 % de ceux de la *Royal Navy* ; en outre, Hitler s'est beaucoup rapproché de Mussolini depuis que l'Italie s'est aventurée en Éthiopie, et l'influence économique allemande s'est nettement accrue en Europe centrale. Voilà une conjoncture internationale favorable, qui devrait effectivement laisser aux trois composantes de la Wehrmacht toutes les années de paix nécessaires pour se reconstituer pleinement.

Reprise en main de l'armée. Derrière Hitler, Keitel et l'amiral Doenitz.

Reprise en main

Mais les promesses d'Hitler n'engagent que ceux qui les croient. Dès le 5 novembre 1937, le Führer réunit à la Chancellerie le ministre de la Guerre von Blomberg, le chef de l'armée de terre von Fritsch, l'amiral Raeder, le général Goering et le ministre des Affaires étrangères von Neurath. Ses propos sont notés presque *in extenso* par l'aide de camp Hoss-

bach : l'Allemagne ne pouvant atteindre qu'un degré d'autarcie limité, ne devant en aucun cas être dépendante du commerce international et n'ayant que faire de colonies vulnérables au blocus, il ne lui reste qu'une seule planche de salut : l'agrandissement de son *Lebensraum* – son espace vital – en Europe. Mais l'Angleterre et la France y faisant obstacle, poursuit Hitler, « le problème de l'Allemagne ne peut être résolu que par la force. […] Si l'on décide d'utiliser la force et d'en assumer les risques, alors il ne reste plus qu'à répondre à deux questions : "quand ?" et "comment ?". À ce stade, il faut distinguer trois cas. Premier cas : échéance 1943-1945. Passé ce délai, on ne pourra s'attendre qu'à un changement des conditions à notre détriment. Au cours de cette période 43/45, l'équipement de l'armée, de la marine et de l'aviation, de même que la formation du corps des officiers, seront à peu près achevés. Le matériel et l'armement seront modernes, et une attente plus prolongée les menacerait d'obsolescence. […] D'une part, la nécessité d'entretenir une importante Wehrmacht et le vieillissement du mouvement comme de son Führer, d'autre part la perspective d'une baisse du niveau de vie et d'un déclin de la natalité ne laissent pas d'autre choix que l'action. Ma décision irrévocable est de résoudre le problème de l'espace vital allemand au plus tard entre 1943 et 1945, au cas où je serais encore en vie à ce moment. La nécessité d'agir avant 1943/1945 serait à envisager dans les cas n° 2 et 3 ».

Le cas n° 2 prévu par Hitler serait celui d'une crise intérieure en France, suffisamment grave pour empêcher l'armée française d'intervenir contre l'Allemagne. Alors, « le moment d'agir contre la Tchécoslovaquie serait venu ». Dans le cas n° 3, où la France se trouverait si absorbée par un conflit contre un autre État qu'elle serait hors d'état d'intervenir contre l'Allemagne, « la première tâche consisterait à faire tomber simultanément la Tchécoslovaquie et l'Autriche ». Du reste, le Führer a déjà une intime conviction : « Il est hautement probable que l'Angleterre, et sans doute aussi la France, ont déjà passé implicitement la Tchécoslovaquie par pertes et profits, et se sont résignées à ce que cette question soit définitivement réglée un jour par l'Allemagne. Les difficultés de l'Empire britannique et la perspective d'être à nouveau entraîné dans une guerre européenne prolongée contribueront de façon décisive à empêcher l'Angleterre de participer à une guerre contre l'Allemagne ; et l'attitude de l'Angleterre ne sera certainement pas sans influence sur celle de la France. » Mais de toute façon, « il faudra naturellement verrouiller notre flanc occidental lors de l'attaque contre la Tchécoslovaquie et l'Autriche ».

Voilà qui est dit... Von Neurath, von Blomberg et von Fritsch, entendant ces propos belliqueux pour la première fois, vont soulever de sérieuses objections – ce qui explique qu'ils soient démis de leurs fonctions trois mois plus tard. Le premier sera congédié et remplacé par l'ambassadeur du Reich à Londres, Joachim von Ribbentrop ; pour les deux autres, qui jouissent d'un prestige certain dans l'armée, on emploiera des moyens détournés – et parfaitement malhonnêtes[1]. Après cela, Hitler nomme à la tête de l'armée de terre Bernd von Brauchitsch, un général dont l'indépendance d'esprit n'est pas la qualité dominante. Quant au poste de ministre de la Guerre, le Führer va tout simplement le supprimer et se nommer lui-même commandant suprême de l'ensemble des forces armées, avec pour l'assister l'*Oberkommando der Wehrmacht* (OKW), dirigé par le très servile général Wilhelm Keitel. Ainsi, au début de février 1938, Hitler tient fermement en mains l'outil essentiel à la réalisation de ses desseins.

1. Von Blomberg a épousé en secondes noces une jeune Allemande, Erna Grühn, dont la Gestapo découvre « par hasard » le passé douteux ; quant à von Fritsch, il est faussement accusé d'homosexualité et traîné en justice. Même lorsqu'il est reconnu innocent, Hitler maintient sa décision de le limoger.

Le général von Brauchitsch avec Hitler.

Premières conquêtes

Il va s'en servir sans tarder : s'étant assuré de la neutralité bien-
veillante de Mussolini, Hitler exerce d'intenses pressions sur le chancelier autrichien Schuschnigg et lance aux autorités de Vienne un
menaçant ultimatum : remettre sans délai le pouvoir aux nazis autrichiens, ou bien subir l'assaut de la Wehrmacht. La réponse ne l'in-

téresse même pas : dès le 12 mars, 2 divisions allemandes pénètrent en Autriche sans rencontrer de résistance, et quarante-huit heures plus tard, Hitler fait son entrée dans Vienne ; le lendemain 15 mars 1938, l'Anschluss est proclamé et l'Autriche devient une simple province allemande[1]. Mais pour le Führer, ce n'est là qu'un début... Moins de deux semaines plus tard, il prend prétexte de l'agitation des Allemands établis dans les Sudètes pour attaquer avec véhémence le président tchèque Beneš. Or, derrière ses diatribes d'une violence croissante au sujet des « persécutions » contre la minorité allemande, il y a une exigence expansionniste à peine déguisée : la cession au Reich du quadrilatère de Bohême, avec toutes les fortifications qui protègent la Tchécoslovaquie de son puissant voisin allemand. À l'évidence, Hitler veut mettre en œuvre par anticipation le « cas n° 2 » énoncé cinq mois plus tôt – ce qu'il confirme explicitement à ses chefs d'état-major le 28 mai 1938 : « Ma volonté inébranlable est de rayer la Tchécoslovaquie de la carte ! » Il ajoute même que tous les préparatifs d'invasion doivent être terminés avant le 1er octobre 1938, date prévue pour l'invasion.

On réactualise donc le *Fall Grün* – « plan vert » – d'attaque préventive de la Tchécoslovaquie[2]. Les nouvelles bases de départ en Autriche permettant d'envisager une attaque simultanée du quadrilatère de Bohême par le nord, le sud et l'ouest, l'armée de terre a été entraînée en conséquence ; mais la région frontalière étant montagneuse et parfaitement fortifiée, un rôle de choix est réservé à l'aviation : 400 chasseurs, 600 bombardiers et 200 Stuka entreront en action, tandis que des parachutistes seront largués sur les principaux ouvrages d'art et nœuds de communications. Hitler compte sur l'effet de surprise et sur la terreur pour amener les Tchèques à capituler rapidement, et il ordonne la construction immédiate du *Westwall*, un gigantesque réseau d'abris bétonnés hérissés d'armes antichars le long de la frontière avec la France : il s'agit de prévenir toute velléité d'intervention française durant les opérations. À la stupéfaction de ses généraux, Hitler affiche la plus grande confiance : les

1. Le nom même disparaît : elle est désormais appelée « *Ostmark* ».

2. Élaboré entre 1936 et 1937, il prévoyait de mettre rapidement la Tchécoslovaquie hors de combat, afin d'éviter une guerre sur deux fronts dans l'éventualité d'une attaque française à l'ouest.

12 mars 1938, la Wehrmacht entre en Autriche.

La Tchécoslovaquie en ligne de mire.

Tchèques seront rapidement vaincus, et il n'y aura aucune réaction : ni les Français, ni les Anglais, ni les Russes n'oseront intervenir...

C'est très bien vu, mais le Führer avait compté sans les interventions diplomatiques ; or, au matin du 15 septembre, le Premier ministre britannique Neville Chamberlain se rend en personne à Berchtesgaden, avec la ferme intention de sauver la paix. Hitler se montre réticent à différer ses plans d'invasion, mais Mussolini offre également de s'entremettre, et l'on finit par s'accorder sur le principe d'une conférence à Munich le 29 septembre. Lors de cette réunion tristement célèbre, Chamberlain, Daladier et Mussolini s'affairent pour donner satisfaction à Hitler[1] – qui consent à modérer ses exigences : les territoires tchèques « à prépondérance allemande » ne seront entièrement cédés que le 10 octobre, moyennant quoi l'Allemagne renoncera à envahir la Tchécoslovaquie le 1er octobre... Les Tchèques doivent s'incliner, et le peuple allemand, tout en se réjouissant du triomphe de la paix, s'étonne de la facilité avec laquelle Français et Britanniques ont sacrifié leur plus fidèle alliée. Les généraux de la Wehrmacht, eux, en tirent pour la plupart des conclusions définitives sur l'habileté de leur dirigeant suprême : remporter sans combat une victoire aussi décisive, n'est-ce pas après tout la marque du génie[2] ?

Hitler, lui, n'est pas de cet avis : loin de triompher, il considère que la conférence de Munich l'a empêché de satisfaire sa soif de gloire militaire, d'écraser l'adversaire et d'occuper l'ensemble de la Tchécoslovaquie. Mais ce n'est que partie remise : au matin du 15 mars 1939, après un ultimatum présenté sans ménagement au nouveau président tchèque Hacha, le Führer lance ses divisions sur Prague, où elles pénètrent sans rencontrer de résistance. Le soir même, Hitler s'installe au palais Hradschin, d'où il proclame le lendemain que la Bohême et la Moravie sont désormais sous le protectorat du Reich. Cette

1. Cette fois encore, les autorités françaises et britanniques ont été terrifiées par la menace de la Luftwaffe, telle qu'elle leur a été présentée par leurs diplomates et leurs attachés militaires. À cet égard, la propagande nazie, surtout celle de Goering, est encore plus efficace que deux ans auparavant.

2. Certains généraux de la Wehrmacht avaient projeté d'arrêter Hitler avant l'invasion de la Tchécoslovaquie, mais l'annonce de l'arrivée de Chamberlain à Munich avait contraint les conjurés à abandonner leur plan. Après la conférence, le prestige du Führer est tel que toute action contre lui est jugée impossible.

La conférence de Munich. De gauche à droite, Chamberlain, Daladier, Hitler, Mussolini, Ciano.

fois encore, le bluff a pleinement réussi : pas un coup de feu n'a été tiré, les Français et les Britanniques sont restés l'arme au pied, Moscou n'a pas même protesté, la Tchéquie, avec toutes ses ressources et ses usines d'armement modernes, est passée sous le contrôle du Reich, la Slovaquie est devenue un État vassal de l'Allemagne, et la réputation d'infaillibilité du Führer s'est trouvée une nouvelle fois confortée.

« Böhmen und Mähren » : Bohême et Moravie. La Tchéquie occupée.

Surcharge : « État slovène », un nouveau vassal de l'Allemagne.

La Pologne en ligne de mire

Adolf Hitler l'avait certifié à ses militaires : la Tchécoslovaquie une fois conquise, ils auraient au moins cinq ans de paix pour achever leur réarmement. Mais le Führer ment comme il respire, et dès le 3 avril 1939, l'OKW reçoit l'ordre de préparer un plan d'attaque de la Pologne, le *Fall Weiss*, pour le 1er septembre au plus tard. Du reste, les premières

« Dantzig est allemande. »

campagnes de presse contre les « provocations polonaises », la situation « insupportable » de Dantzig[1] et les sévices dont seraient victimes les 2 millions d'Allemands de Pologne montrent qu'Hitler s'apprête à répéter fidèlement le processus qui a précédé l'invasion de la Tchécoslovaquie. C'est ce qu'il confirme le 23 mai, lors d'une réunion des principaux responsables militaires à la Chancellerie : « La Pologne sera toujours du côté de nos ennemis. Il ne s'agit pas de Dantzig, mais d'un agrandissement de notre espace vital à l'est et de la sécurisation de nos approvisionnements alimentaires. [...] Il ne faut pas compter sur une répétition de l'affaire tchèque. Il y aura combat. [...] Il n'est pas question de se laisser entraîner dans une confrontation simultanée avec la France et l'Angleterre. L'attaque de la Pologne ne peut réussir que si les pays occidentaux restent en dehors du jeu. [...] C'est l'affaire d'une politique habile que d'isoler la Pologne. »

Hitler insiste longuement sur ce point. Le règlement de comptes final avec l'Ouest attendra au moins quatre ans, puisque le Führer conclut son exposé en disant que « rien n'est changé au programme de construction navale », et que « les échéances fixées pour les programmes d'armement sont de 1943 et 1944 respectivement ». C'est donc bien clair : la Wehrmacht n'est pas encore en état d'affronter les alliés occidentaux. Il devrait être facile de les tenir à nouveau en dehors de l'affaire, parce qu'« ils ont des dirigeants qui sont en dessous de la moyenne. Pas de personnalités, pas de maîtres, pas d'hommes d'action ».

1. Ancienne ville hanséatique prussienne, Dantzig a été enlevée à l'Allemagne par le traité de Versailles, et érigée en ville libre sous le contrôle de la SDN.

Affiche : « Dantzig est allemande. »

Pourtant, Neville Chamberlain, las d'être échaudé et pressé par son opinion publique, a donné publiquement la garantie de la Grande-Bretagne à la Pologne, mais Hitler ne le prend toujours pas au sérieux : « J'ai rencontré à Munich Chamberlain, l'homme au parapluie, ainsi que Herr Daladier. Ils ne pourront pas m'empêcher de régler la question polonaise. » Ses généraux n'en sont pas si sûrs, et le *Forschungsamt*, service des écoutes du maréchal Goering, a intercepté des messages indiquant un très net raidissement de la position britannique. Mais Hitler ne tient aucun compte des renseignements qui « dérangent son intuition », et celle-ci s'exprime clairement lors d'une réunion à Munich au début d'août : « Il faut poursuivre les préparatifs du plan *Weiss*. S'il y a une guerre, elle restera limitée à la Pologne. » D'ailleurs, Hitler dispose d'une carte maîtresse, propre à décourager toute velléité d'intervention de la part des Occidentaux : au soir du 21 août, son ministre des Affaires étrangères von Ribbentrop lui a câblé de Moscou qu'il allait signer un pacte de non-agression[1] avec son homologue soviétique Molotov. À la réception de ce télégramme, Hitler s'est exclamé : « Je les tiens ! Je les tiens ! » Dès le lendemain, il convoque les responsables militaires dans la grande salle du Berghof[2] pour leur annoncer sa décision : « On ne peut pas rester éternellement l'arme au pied. Il nous faut frapper, ou bien être détruits tôt ou tard. Mes convictions se trouvent renforcées par les considérations suivantes : l'Angleterre et la France ont contracté des obligations qu'elles sont hors d'état d'assumer. En Angleterre, il n'y a pas de véritable réarmement, ce n'est que de la propagande. [...] En fait, l'Angleterre ne peut pas aider la Pologne. Nos adversaires ne sont que des vermisseaux ; je les ai vus à Munich [...] La relation personnelle avec Staline est établie. Von Ribbentrop signera le traité après-demain. [...] Notre grande tâche nécessite un engagement complet. La seule chose que je redoute, c'est qu'au dernier moment, un quelconque saligaud me présente un plan de médiation. »

Il ne s'en trouvera aucun : Mussolini, qui a compris la résolution d'Hitler, se contente de lui

1. Qui inclut un protocole secret prévoyant le partage de la Pologne.

2. Le nouveau nom de sa villa de Berchtesgaden, considérablement agrandie.

faire savoir que l'Italie ne pourra marcher avec lui ; quant à Chamberlain, il encourage bien les Polonais à négocier avec les autorités allemandes, mais redoutant un nouveau Munich, il ne s'engagera pas plus avant. Le 29 août, Hitler fait savoir que « le gouvernement allemand compte sur l'arrivée à Berlin d'un émissaire polonais muni des pleins pouvoirs le lendemain 30 août ». Il s'agit évidemment de terroriser les Polonais, tout en neutralisant les Britanniques. Mais Hitler veut sa guerre, et il l'aura : le 1er septembre à l'aube, les troupes allemandes franchissent la frontière, tandis que la Luftwaffe a déjà commencé à détruire méthodiquement l'aviation ennemie ; ainsi que le Führer l'avait prévu, les premières quarante-huit heures vont être décisives.

1er septembre 1939, la Wehrmacht franchit la frontière polonaise.

Hitler annonce au Reichstag l'ouverture des hostilités contre la Pologne, 1er septembre 1939.

L'irrévocable

À la guerre, pourtant, c'est souvent le plus inattendu qui est le plus certain : le 3 septembre à 9 heures précises, l'ambassadeur de Grande-Bretagne à Berlin présente au ministère des Affaires étrangères du Reich un ultimatum exigeant avant 11 heures « des assurances satisfaisantes concernant le retrait immédiat des troupes allemandes de Pologne », faute de quoi « la Grande-Bretagne et l'Allemagne se trouveront en état de guerre à partir de cette même heure ». À la Chancellerie, Hitler reçoit cette note avec surprise, mais il n'en laisse rien paraître. À 11 heures, le délai étant échu, Chamberlain annonce à la radio que la Grande-Bretagne est désormais en guerre contre l'Allemagne ; une déclaration française en termes identiques va suivre peu après. Ainsi, l'intuition d'Hitler l'aurait trompé ? Impossible ! Le déclenchement d'une guerre mondiale ? Allons donc ! Il ne peut s'agir que d'une gesticulation sans conséquence de la part des « vermisseaux » de Londres et Paris. Pour l'heure, lui, le Führer, est entré en campagne : l'Allemagne va comprendre que la grande lutte pour conquérir l'espace vital est entamée, et le monde entier pourra constater qu'Adolf Hitler est le *Grösster Feldherr aller Zeiten* – le plus grand chef de guerre de tous les temps…

6

« LE PLUS GRAND CHEF DE GUERRE... »

Une affaire d'intuition

On sait qu'Adolf Hitler a lu une grande quantité d'ouvrages sur l'art, la philosophie, l'histoire, la géopolitique, l'architecture, la théologie et la stratégie, pour ne rien dire des innombrables pamphlets politiques, des romans policiers à bon marché et de la série complète des écrits de Karl May sur les aventures de l'Indien Winnetou dans l'Ouest sauvage d'une Amérique imaginaire... De ces éléments disparates, il a fait une synthèse personnelle, dont est ressortie après la Grande Guerre sa vision du monde et de la place que l'Allemagne devait y occuper. Chez ce singulier autodidacte, la boulimie de lecture s'accompagne d'une mémoire stupéfiante : il prendra un plaisir toujours renouvelé à confondre les experts en leur citant de mémoire des faits ou des rapports depuis longtemps oubliés, ainsi que des données extraordinairement précises sur les types d'armement, les calibres de canons, la vélocité des projectiles, les épaisseurs de blindage et les performances de tous les véhicules en service dans les armées allemandes et étrangères. Cette science ne se limite d'ailleurs pas à l'armée de terre, ainsi qu'en témoignera l'amiral Raeder : « Hitler avait des connaissances approfondies dans presque tous les domaines de la marine et des constructions navales. J'appris, au cours d'une conversation avec lui, qu'il avait toujours à portée de la main le *Taschenbuch der Kriegsflotten* allemand et le *Jane's Fighting Ships* britannique. Il lisait beaucoup et, grâce à sa mémoire exceptionnelle, retenait des détails qui échappaient parfois aux spécialistes[1]. »

Il est vrai que les compétences techniques d'Hitler, issues de ses lectures comme de ses observations, dépassent de très loin celles de l'amateur éclairé : ses dessins de blockhaus et de fortifications, ainsi que les modifications qu'il suggère à la conception des canons, des tanks, des voitures et des moteurs, apportent souvent des solutions simples et efficaces à des problèmes apparemment insolubles. Son coup d'œil peut être stupéfiant : visitant une usine d'aviation où l'on assemble des moteurs couplés par paires sur un

1. Et Raeder d'ajouter : « Au cours de notre premier entretien de février 1933, Hitler s'était montré bien renseigné, notamment sur les différences que présentaient les flottes britannique et allemande avant la guerre. »

Atelier de montage de bombardiers Heinkel.

prototype de bombardier lourd, le Führer examine brièvement les plans et les maquettes, puis laisse tomber : « Ce système ne marchera pas ! » De fait, les moteurs couplés ne fonctionneront jamais.

En outre, du fait de sa longue expérience de « peintre en architecture », le Führer est capable d'appréhender instantanément, de retenir indéfiniment et de restituer très exactement les espaces et les structures visités, entraperçus ou étudiés sur un plan, ce qui lui donne un avantage certain pour suivre des opérations militaires. Les cartes d'état-major le fascinent, et comme le dira son aide de camp naval : « Il était très difficile de le tenir éloigné d'une carte – surtout d'une carte terrestre. Lorsqu'il l'avait vue, il était persuadé d'avoir saisi l'ensemble de la situation[1]. » Enfin, cet homme de guerre qui n'a jamais commandé une compagnie au feu a fini par se persuader que ses lectures hétéroclites, ses expériences de caporal dans les tranchées et ses manœuvres de révolutionnaire dans les rues de Munich constituaient la meilleure préparation possible à l'exercice de la haute stratégie.

En outre, il considère son aptitude à simplifier les questions les plus complexes comme une marque de supériorité incontestable sur les «soi-disant

1. Il est intéressant de constater que cette fascination est partagée par Churchill, Roosevelt et surtout Staline…

experts militaires », qui ne servent selon lui qu'à entretenir l'immobilisme par des objections savantes à toute initiative originale : « Les généraux restent encroûtés dans leur technique professionnelle. Moi, j'ai le don de simplifier et de ramener les problèmes à leurs données essentielles ! » Il a également un talent incontestable pour repérer ce qui peut servir ses desseins ; dès 1933, assistant aux manœuvres d'une unité expérimentale de blindés, Hitler s'est exclamé devant leur commandant : « Voilà ce qu'il me faut ! Voilà ce qu'il me faut[1] ! » Comme leurs homologues français, les généraux allemands voulaient employer les tanks en soutien d'infanterie ; mais Hitler, lui, « sent » que c'est le colonel Guderian qui a raison : il faut innover et surprendre, en massant les tanks pour obtenir la rupture.

Chars Panzer II en manœuvres.

Adolf Hitler est doté de quelques autres qualités inappréciables pour un stratège : il possède une aptitude stupéfiante à persévérer en dépit de l'adversité, et il a une confiance à peu près illimitée en son intuition, en ses capacités et en sa

1. Le commandant ne s'était pas permis de lui demander dans quel but...

« mission historique » ; fort de sa conviction solidement ancrée qu'une volonté inébranlable permet toujours d'obtenir la victoire, il est à même de motiver, d'encourager et même de fanatiser ses troupes, ses généraux et ses ministres. À quoi il faudrait ajouter que le Führer est animé d'une totale absence de scrupules, qui lui permet d'écarter ses rivaux potentiels, de terrasser ses ennemis et de rompre ses engagements par des moyens aussi brusques qu'expéditifs : « Dans l'ancien temps, déclare-t-il à ses aides de camp, on ne s'embarrassait pas de déclarations de guerre ; on attaquait et on envahissait. Voilà la bonne méthode. [...] Il n'y a pas de droit international, il n'y a pas de traité qui m'empêchera de profiter d'un avantage lorsqu'il se présentera. Qu'est donc la guerre, sinon ruse, tromperie, stratagème, attaque et surprise ? »

C'est l'ensemble de ces conceptions et de ces aptitudes qui a convaincu Hitler qu'il possédait une vocation quasiment innée à l'exercice de la stratégie, lui permettant d'imposer ses idées à des officiers de métier trop routiniers. Le succès éclatant de ses premières initiatives vient de lui donner raison : ignorant superbement les objections diplomatiques, économiques, stratégiques et logistiques de ses ministres comme de ses généraux, il a pris jusqu'au printemps de 1939 des mesures follement audacieuses et immanquablement couronnées de succès. Du reste, il ne compte pas s'arrêter là…

Les failles de l'amateurisme

Ainsi donc, le génie stratégique ne serait qu'une simple affaire de volonté, d'intuition, de saines lectures, de bonne mémoire, de compétences techniques et d'aptitudes à la simplification ? Le métier des armes pourrait s'apprendre en huit semaines d'instruction de base, quatre années de service d'estafette dans les tranchées et huit jours de formation à l'emploi du télégraphe ? Pourtant, les grands chefs de guerre du passé – Frédéric II, Napoléon, Wellington, Koutouzov, Hindenburg – n'ont-ils pas été longuement instruits dans des écoles de guerre[1] ? À l'évidence, Hitler n'a qu'une vague idée de ce que l'on y enseigne, ce qui explique son mépris écrasant pour des

---

1. Et même, dans le cas de Wellington, à l'école militaire d'Angers…

généraux aussi distingués que von Seeckt, Beck ou von Fritsch. Mais ce dédain pour ce qu'il ne connaît pas a conduit très tôt le Führer à rejeter toute instance pouvant lui prodiguer des conseils : les états-majors des trois armes, tout comme l'*Oberkommando der Wehrmacht*, ne sont conçus que comme des courroies de transmission des ordres du Führer. Or, si durant ses premières années de pouvoir, Hitler savait encore écouter et méditer sur ce qu'on lui disait, cette période est désormais révolue : depuis deux ans au moins, il décide brusquement et sans appel – d'autant qu'il est seul à connaître son plan d'ensemble, et qu'il mesure chichement les informations dispensées à ses généraux comme à ses amiraux. Ainsi, le 15 mars

Hitler et Raeder en visite aux unités de la flotte.

1939, quinze jours seulement avant l'invasion de la Tchécoslovaquie, le chef de l'OKW Wilhelm Keitel, pourtant son plus proche collaborateur, n'avait pas encore été mis dans le secret ! L'amiral Raeder le reconnaîtra lui-même avec dépit : « Hitler omit fréquemment de me renseigner sur des choses que j'aurais eu le plus grand intérêt à connaître. » Malgré tout, il peut sembler périlleux de se lancer dans un conflit d'une telle ampleur sans véritable assistance, tout en comptant sur des militaires aussi méprisés et aussi mal informés pour mener les opérations sur le terrain.

Mais il y a d'autres failles ; d'une part, ce caporal de la Grande Guerre n'a conservé qu'une vision terrestre du combat : ses lectures se sont centrées sur les œuvres de Clausewitz, Frédéric II et Bismarck, mais il n'a manifestement pas approché les écrits de l'Italien Giulio Douhet sur la maîtrise de l'air, ou ceux de l'Américain Alfred Mahan sur l'importance de la puissance navale et de la maîtrise des voies de communication maritimes[1]. S'il s'intéresse aux navires et aux avions, c'est uniquement pour leurs caractéristiques techniques – armement, blindage, déplacements, motorisation, rayon d'action – sur lesquelles, on le sait, il possède un étonnant niveau d'expertise. En revanche, la stratégie navale et aérienne lui est largement étrangère, ce qui explique qu'il se contente de donner des instructions générales à l'amiral Raeder et au maréchal Goering, sans intervenir initialement dans la conduite de leurs opérations. D'autre part, on se souvient que l'aide de camp naval d'Hitler, parlant de son intérêt pour les cartes, avait précisé : « Surtout les cartes terrestres. » C'est que les conceptions stratégiques du Führer restent étroitement confinées aux limites du continent européen, et que cet Autrichien qui n'a jamais voyagé plus loin que le nord de la France et le centre de l'Italie n'a qu'une idée très vague – et très démodée – de ce qui se fait outre-mer[2]. De fait, l'étendue de son ignorance au sujet des institutions politiques et des capacités économiques de nations comme la Grande-Bretagne, les États-Unis ou le Japon ne cessera jamais d'ébahir ses interlocuteurs étrangers – et de lui faire commettre de graves erreurs de calcul.

Au moment où il entre en campagne, ce grand chef de guerre présente quelques faiblesses supplémentaires. C'est ainsi qu'il prend ses décisions sur la base d'informations douteuses, car, bien que disposant de nombreux services d'espionnage[3], il ne s'intéresse à leurs renseignements que dans la mesure où ils confortent ses propres préjugés[4] – ce qui est une base bien fragile pour entreprendre des opérations militaires d'envergure. Par ailleurs, le Führer de 1939 a conservé les habitudes dilettantes de l'artiste de 1909 : il se lève à midi, s'absorbe dans la lecture de la presse quotidienne toutes affaires cessantes,

1. À moins qu'il les ait lus et n'en ait tiré aucune conclusion.

2. Ce qui s'explique en grande partie du fait que ses encyclopédies de référence, qu'il connaît souvent par cœur, datent des années 1905 à 1914 – pour les plus modernes.

3. L'*Abwehr* de l'amiral Canaris, le *Forschungsamt* de Goering, le *Sicherheitsdienst* de Heydrich, *l'Aussenpolitisches Amt* du gauleiter Bohle, sans compter les services de renseignements de la Kriegsmarine et du ministère des Affaires étrangères. Tous ces services sont d'ailleurs férocement concurrents.

4. En témoigne cette déclaration de l'aide de camp Julius Schaub à un officier du *Forshchungsamt* au sujet de résultats d'interceptions montrant que la Grande-Bretagne ne resterait pas inactive en cas d'invasion de la Pologne : « De tels renseignements pessimistes ne doivent pas être soumis au Führer, car lorsqu'il a pris une décision, il ne faut plus déranger son intuition. »

honore rarement ses rendez-vous, n'a pas d'heures de travail fixes, passe un temps considérable à discourir, repousse indéfiniment le moment de prendre des décisions, puis les prend impulsivement, sous le coup d'une émotion ou d'une inspiration soudaines ; elles peuvent d'ailleurs être aussi radicales que contradictoires, et s'abattre à l'improviste sur ses subordonnés. On se souvient des revirements

« Il était très difficile de le tenir éloigné d'une carte ».

successifs de ses orientations militaires depuis 1933 : réarmement purement dissuasif ; jamais de guerre contre l'Angleterre ; pas de guerre avant 1948 ; une guerre contre l'Autriche, la Tchécoslovaquie, la France *et* l'Angleterre entre 1943 et 1945 ; agression soudaine contre l'Autriche et la Tchécoslovaquie dès 1938 ; déclenchement d'une campagne majeure contre la Pologne à l'été de 1939 ; enfin, guerre contre l'Angleterre et la France le 3 septembre 1939...

Que de tels revirements, intervenus en succession rapide et avec un minimum de préavis, puissent gravement désorganiser un appareil militaire déjà hâtivement reconstitué, voilà qui ne semble pas avoir frappé « le plus grand chef de guerre de tous les temps » ; et pourtant, le moindre officier d'état-major sait que les plans de développement de l'armée de terre, et plus encore ceux de l'aviation et de la marine, sont basés sur le long terme. De brusques réajustements, pouvant faire passer les délais de six ans à six mois, sont catastrophiques pour toute planification sérieuse, et c'est bien ce qui sape les fondements de la Wehrmacht en 1939 : tous ses plans, même plusieurs fois révisés, sont encore à échéance

En 1939, la production d'obus d'artillerie reste très insuffisante.

de quatre ans au moins[1]. Ainsi que l'écrira le colonel von Lossberg, de l'OKW : « À ce stade, l'armée de terre et la Luftwaffe n'avaient réarmé que superficiellement. [...] La façade était impressionnante, mais elle ne correspondait pas à la valeur de l'édifice dans son ensemble. L'armement en profondeur n'était prévu que pour les années suivantes. » Concrètement, les forces armées qui vont s'engager dans le conflit polonais paraissent redoutables, mais elles manquent d'unités motorisées, de bombes, d'avions de réserve, de pièces détachées pour les chars, de munitions d'artillerie, et même de carburant pour mener une guerre de haute intensité au-delà de trois semaines...

Ce n'est pas tout : avant de déclencher les hostilités, un stratège tient le plus grand compte de ses ressources économiques à moyen et à long terme. Mais comme le dira un jour benoîtement le maréchal Goering : « Les décisions politiques du Führer ne sont pas influencées par des considérations économiques. » C'est un fait, et ses décisions militaires ne le sont pas davantage. Or, économiquement autant que militairement, l'Allemagne est dans l'impossibilité d'engager un conflit d'envergure en 1939 : au centre de son vaste plan de restructuration industrielle, il y a le programme de production sidérurgique, qui ne doit porter ses fruits qu'en 1944, et celui d'autarcie complète en matière pétrolière, qui n'aboutira qu'en 1946. Une campagne militaire, même limitée,

1. Les projets définitifs de construction des bombardiers Junkers 88 et Heinkel 177 visent tous l'échéance du printemps 1943. Le plan Z de construction maritime – très accéléré – doit s'achever au début de 1944. Pour ce qui est de l'armée de terre, qui ne comprend que 7 divisions blindées et 6 divisions partiellement motorisées en 1939, il est prévu de la doter de 20 divisions motorisées « vers le milieu des années 1940 ». Dans l'ensemble, le consensus à l'époque, chez les militaires comme chez les industriels, est qu'il faudra entre quatre et cinq ans avant que l'Allemagne ne soit prête pour une guerre totale. Il est vrai que le Führer n'avait pas dit autre chose en novembre 1937.

nécessiterait au minimum 30 000 tonnes de carburant par jour, et l'Allemagne n'en produit que 10 000 tonnes – dont une partie d'essence synthétique, inutilisable pour les moteurs d'avion. Le *Westwall* est loin d'être terminé, les autoroutes, les programmes architecturaux et les constructions somptuaires des notables du parti continuent d'absorber des quantités considérables d'acier et de béton, le système ferroviaire n'en est qu'au début de son adaptation aux exigences stratégiques, et les économies des pays conquis n'ont pas encore été intégrées à celle du Reich. La rupture des relations avec la Chine a interrompu les approvisionnements en tungstène, molybdène, titane, zirconium et autres métaux indispensables aux alliages, tandis que se dessine une pénurie marquée de cuivre, de magnésium et de caoutchouc. Autant d'obstacles aux exigences du Führer de « tripler la production générale de toutes les armes du Reich », qui se heurte en outre à l'insuffisance de main-d'œuvre qualifiée, de devises étrangères et de capacités de production. Et puis, le coût d'une guerre en 1939 dépasserait l'ensemble du revenu national allemand !

Tout cela est vrai, mais Hitler, qui distingue mal le possible du souhaitable, est persuadé qu'il suffit d'ordonner fermement pour réaliser et de vouloir intensément pour réussir. En économie, comme en politique et en stratégie, il tire cette conviction de ses succès à la tête du NSDAP : « Quand je réclamais de l'argent à Schwartz, le caissier du parti, celui-ci répondait régulièrement : "M. Hitler, la caisse est vide." Alors, je frappais du poing sur la table en disant : "Schwartz, j'ai besoin de 1 000 marks pour demain matin", et ô prodige, le lendemain, les 1 000 marks étaient là ! » Bref, l'intendance suivra toujours... Mais ces méthodes d'intimidation ne sont pas transposables à l'échelle d'une grande nation, et elles ont même provoqué en 1937 la démission de Hjalmar Schacht, le seul ministre compétent en matière d'économie... Qu'à cela ne tienne : dans le système national-socialiste, l'avenir appartient aux amateurs décomplexés, et le plan quadriennal de développement

Hjalmar Schacht.

économique est entre les mains du maréchal Hermann Goering, sur qui le Führer compte fermement pour réaliser l'impossible[1].

La part de l'anormal

Il faut naturellement prendre en compte l'aspect irrationnel – voire franchement pathologique – de ce chef de guerre d'un genre inconnu jusqu'alors. À la mi-août 1939, le commandant von Lossberg s'est rendu pour la première fois dans la demeure d'Hitler à Munich, en compagnie du général Keitel. Le Führer a commencé par leur faire un long discours sur la politique menée au cours des six dernières années, après quoi il en est venu à parler de la Pologne, « qui multiplie les empiètements contre les Allemands, ce qui est uniquement dû au soutien accordé aux Polonais par l'Angleterre ». « À ce stade, note von Lossberg, Hitler a commencé à s'énerver ; il s'est mis à gesticuler, en frappant du poing sur la table et en s'écriant : "En tant que Führer du Grand Reich allemand, je ne suis pas disposé à tolérer longtemps de tels procédés. La situation ne nous a jamais été aussi favorable. Nous avons de l'avance en matière d'armements, tandis que l'Angleterre est à la traîne. [...] Ce plan Weiss ne débouchera jamais, jamais, jamais sur une guerre mondiale." Chaque "jamais" était souligné par des mouvements de bras désordonnés, et il a conclu par ces mots. "Si une confrontation avec l'Angleterre devenait inévitable, c'est moi qui en choisirais le moment, et elle aurait le couteau dans la gorge avant même de savoir que la guerre a commencé – mais pas avant 1943." Sur ce, il nous a congédiés, sans même nous tendre la main. Devant la maison, Keitel, manifestement impressionné, m'a demandé ce que je pensais de ce que nous venions d'entendre. Je lui ai répondu que cela avait été intéressant. »

Certes... Mais le témoignage de l'homme d'affaires suédois Birger Dahlerus, qui s'entretient avec Hitler deux semaines plus tard, est tout aussi édifiant : « Le monologue d'Hitler a duré environ vingt minutes. [...] Lorsqu'il en est venu à parler de la prépondérance militaire de l'Allemagne, son regard s'est figé et ses gestes sont devenus étranges. Il a dépeint la supériorité de ses armes

1. Goering ignore à peu près tout de l'économie, ne sait lire ni les graphiques ni les statistiques, et s'en glorifie à l'occasion : « Comment peut-on s'attendre à ce que je comprenne quelque chose à ces problèmes économiques compliqués ? »

d'un air arrogant […]. Brusquement, il s'est levé, s'est animé, s'est énervé, a commencé à faire les cent pas, et a déclaré, comme s'il parlait tout seul, que l'Allemagne était invulnérable et pouvait battre ses adversaires dans une guerre éclair. Soudain, il s'est arrêté au milieu de la pièce en regardant fixement devant lui ; sa voix s'était faite beaucoup plus sourde et son comportement devenait tout à fait anormal ; les phrases se succédaient à un rythme saccadé : "S'il y a une guerre, a-t-il dit, je construirai des sous-marins, des sous-marins, des sous-marins, des sous-marins !", en élevant le ton chaque fois un peu plus. Il devenait de moins en moins intelligible, et on finissait par ne plus rien comprendre du tout. Soudain, il s'est redressé, a élevé la voix comme s'il s'adressait à une vaste assemblée, et a hurlé – mais vraiment hurlé : "Je construirai des avions, des avions, des avions, des avions, et j'écraserai mes ennemis !" À cet instant, il ressemblait davantage à un spectre qu'à un être humain, et il a poursuivi, comme dans une transe : "Une guerre ne me fait pas peur, un encerclement de l'Allemagne est impossible." Son regard s'est figé à nouveau et son élocution est redevenue anormale lorsqu'il a poursuivi : "S'il n'y a plus de beurre, je serai le premier à ne plus manger de beurre, plus manger de beurre. Mon peuple allemand fera de même, loyalement et joyeusement." Il s'est arrêté, ses yeux ont divagué, puis il a dit : "Si l'ennemi peut résister plusieurs années, moi, grâce à mon autorité sur le peuple allemand, je résisterai une année de plus." […] Il est venu droit vers moi, s'est immobilisé et a recommencé à parler en regardant fixement devant lui. Son haleine était si fétide qu'il fallait se dominer pour ne pas faire un pas en arrière. Il a continué à s'énerver, a commencé à agiter les bras et à crier : "Si l'Angleterre veut combattre un an, je combattrai un an ; si elle veut combattre deux ans, je combattrai deux ans." Là, il s'est arrêté, puis il a dit d'une voix encore plus perçante, en faisant des gestes de plus en plus désordonnés : "Si l'Angleterre veut combattre trois ans, je combattrai trois ans…" L'agitation du corps a commencé à suivre celle des bras, et lorsqu'à la fin il a hurlé : "Et s'il le faut, je combattrai dix ans", il a brandi le poing et s'est penché si loin en avant qu'il touchait presque le sol. »

Huit jours seulement avant le déclenchement de la Seconde Guerre mondiale, Birger Dahlerus ne pourra qu'exprimer sa consternation.

L'HEURE DES TRIOMPHES

7

Blitzkrieg

La campagne de Pologne déclenchée le 1er septembre 1939 inaugure une ère toute nouvelle dans l'histoire de la guerre moderne. Dès l'abord, la prépondérance quantitative et qualitative des forces allemandes est écrasante : 57 divisions, dont 6 blindées et 4 motorisées, 1 500 chars et 1 930 avions, contre une armée polonaise comprenant 30 divisions d'infanterie, 11 brigades de cavalerie, 2 brigades motorisées, 750 véhicules blindés et 500 avions. L'avantage stratégique des forces allemandes est tout aussi évident : face à des divisions polonaises dispersées pour couvrir 2 300 kilomètres de frontières, les 3e et 4e armées du général von Bock sont concentrées en Prusse orientale et en Poméranie, tandis que les 8e, 10e et 14e armées du général von Rundstedt disposent d'excellentes bases de départ en Haute-Silésie et en Slovaquie – de quoi envelopper l'ensemble de la Pologne.

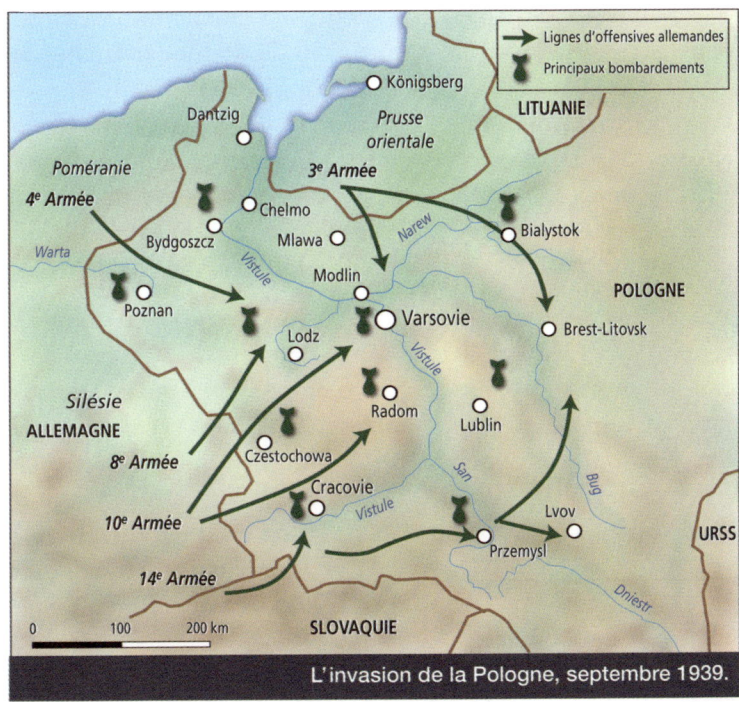

L'invasion de la Pologne, septembre 1939.

C'est pourtant la tactique de combat employée par la Wehrmacht qui se révèle décisive : depuis la Narew jusqu'à la Vistule, les offensives allemandes s'ouvrent par des percées de divisions blindées, suivies par l'artillerie tractée et l'infanterie motorisée. Elles sont précédées d'une action éclair de la Luftwaffe, qui détruit au sol l'essentiel de l'aviation polonaise, puis donne un appui tactique à l'armée de terre. C'est l'étroite coordination des opérations de chars et d'avions qui crée la surprise et la rupture ; c'est aussi le bombardement systématique des points d'appui, des centres de commandement, des concentrations de troupes et des lignes de ravitaillement qui paralyse les regroupements et les contre-offensives des armées polonaises. Dès le 5 septembre, les 8ᵉ et 10ᵉ armées de Blaskowitz et de Reichenau percent donc le front entre Łódź et Radom, la 14ᵉ armée de List investit Cracovie, tandis que le groupe d'armées Nord de von Bock longe la Vistule en direction de Modlin et de Varsovie. Le 8 septembre, les deux tiers de l'armée polonaise sont déjà encerclés, et les Allemands atteignent les faubourgs sud de Varsovie. Ils y sont contenus, mais une puissante offensive est menée parallèlement à l'est par le corps blindé de Guderian au nord et celui de von Kleist au sud. Les deux mâchoires de la tenaille se referment sur Brest-Litovsk, qui tombe le 14 septembre. À cette date, Varsovie résiste encore, mais la chute de Lvov et l'intervention de l'armée soviétique le 17 septembre scellent le sort de l'armée polonaise de l'Est, qui doit se réfugier en Roumanie et en Hongrie. Varsovie tiendra encore huit jours, mais l'issue de cette guerre éclair ne fait déjà plus de doute.

La direction suprême des opérations est assurée depuis le quartier général de l'OKH[1] par le commandant en chef de l'armée von Brauchitsch, et surtout par son chef d'état-major Franz Halder. Hitler, lui, est parti vers l'Est dès le 3 septembre, accompagné des chefs de l'OKW Keitel et Jodl, de Ribbentrop et d'Himmler, ainsi que des aides de camp, officiers de liaison, secrétaires et acolytes formant son entourage habituel. Depuis son QG temporaire au camp d'entraînement de Gross-Born, en Poméranie, il suit les opérations et inspecte les centres de commandement ; mais

1. *Oberkommando des Heeres :* commandement suprême de l'armée de terre.

Panzers de tête pénétrant dans un village polonais.

Hitler suit de près les opérations...

DEUTSCHES REICH 25 +15

DEUTSCHES REICH 40 +40

lors de cette première campagne, il s'abstient d'intervenir pour modifier la stratégie du commandant en chef.

Drôle de guerre

À la fin de septembre, il n'y a plus en Pologne qu'une résistance sporadique, et la plupart des unités allemandes sont ramenées vers le front de l'Ouest. Leurs généraux ne doutent pas qu'elles y resteront en position défensive ; il est vrai qu'après avoir répété à son entourage que la Grande-Bretagne et la France ne s'engageraient pas en faveur de la Pologne, Hitler a été radicalement contredit par les faits, mais il s'est empressé d'assurer que Londres et Paris n'oseraient jamais prendre l'initiative d'ouvrir les hostilités. La passivité de l'armée française et de la marine britannique semble bien lui donner raison, mais le 27 septembre, Hitler, grisé par sa victoire sur les Polonais et par l'assurance de la complicité soviétique, déclare à ses chefs militaires qu'il est résolu à prendre l'offensive à l'Ouest dans les meilleurs délais : puisque les ennemis de l'Allemagne « renforcent leur capacité militaire et pourraient détruire la Ruhr », le Führer veut les devancer et « préparer des plans immédiatement pour une attaque contre la France », consistant à attaquer par la Belgique et le Luxembourg en direction de l'ouest, pour gagner au plus tôt les ports de la Manche. Il s'agit de « mettre l'Angleterre à genoux » et de « détruire la France » entre le 20 et le 25 octobre. Bien entendu, il n'y a aucune protestation, mais le colonel Walter Warlimont, chef de la section L[1] de l'OKW, se souviendra que « tous les auditeurs présents, y compris Goering, étaient visiblement très affectés ».

On le serait à moins ; la guerre en Pologne est à peine achevée que l'on ordonne à la Wehrmacht de repartir en campagne, avec un préavis de moins d'un mois, contre des adversaires autrement plus redoutables que les Polonais. D'autant que les panzers ont été durement éprouvés[2], que les navires de l'amiral Raeder sont encore en nombre ridiculement insuffisant pour affronter la *Royal*

---

1. *Landesverteidigung* (« Défense du territoire »).

2. Et leurs blindages se sont révélés trop légers. En outre, des dissensions sont apparues entre certains chefs d'armée et les commandants SS qui ont fait massacrer des Juifs et des Polonais, avec la caution d'Hitler.

Navy, et que la Luftwaffe doit compenser ses pertes, l'usure de son matériel et l'épuisement de ses stocks de munitions – particulièrement de bombes, dont elle ne dispose que pour cinq jours de guerre à l'Ouest.

Entre-temps, des contacts discrets se poursuivent avec les alliés occidentaux, avec chez Hitler l'intention manifeste de séparer les Britanniques des Français. L'ambassadeur Hewel fait savoir à un ancien attaché de presse de l'ambassade d'Allemagne à Londres que le Führer ne voit que des avantages à ce qu'il poursuive ses conversations secrètes avec les Anglais, pourvu qu'il insiste sur le fait que l'Allemagne veut avoir les mains libres à l'Est[1]. Entre-temps, Hitler a lancé une offensive de paix avec son discours-fleuve du 6 octobre : « L'Allemagne n'a plus de revendications à l'égard de la France [...]. J'ai toujours exprimé le désir d'enterrer pour toujours notre ancienne inimitié et de réconcilier ces deux nations au glorieux passé. [...] Je n'ai pas consacré moins d'efforts pour parvenir à une entente anglo-allemande – non, plus que cela, à une amitié anglo-allemande. [...] Pourquoi y aurait-il une guerre à l'Ouest ? Pour ressusciter la Pologne ? La Pologne du traité de Versailles a disparu pour de bon, ce qui est garanti par deux des plus grands États du monde. » Tout cela est plus menaçant qu'apaisant et, de fait, Hitler ordonne trois jours plus tard une offensive « aussi puissante et rapide que possible au nord du front occidental à travers la Belgique, les Pays-Bas et le Luxembourg » (opération *Gelb*). Le 11 octobre, il répète à ses responsables militaires que « l'offensive à l'Ouest doit être déclenchée au plus tôt, c'est-à-dire avant le début de l'hiver ». Cette fois, ce sera entre le 15 et le 20 novembre.

« Gouvernement général. » Le mot même de Pologne a disparu des timbres.

1. Chose remarquable, Hewel lui dit dès ce moment qu'« Hitler ne pourrait pas s'engager à s'abstenir d'attaquer l'Union soviétique ».

Le 22 octobre, Chamberlain ayant rejeté publiquement les avances contenues dans le « discours de paix » d'Hitler, le Führer annonce que l'attaque à l'Ouest sera lancée dès le 12 novembre. C'est la première fois qu'une date précise est fixée, et elle déclenche un branle-bas de combat général chez les militaires – à commencer par les généraux von Brauchitsch et Halder, qui préparent des rapports circonstanciés pour démontrer l'impossibilité de toute attaque prématurée. Le maréchal Goering lui-même prévient qu'il ne pourra engager sa Luftwaffe que si on lui garantit cinq jours de ciel clair. Mais dès le 5 novembre, le Führer rabroue vertement von Brauchitsch : « Les militaires disent que nous ne sommes pas prêts, mais une armée n'est jamais prête. […] Ce qui compte, c'est de savoir si nous sommes plus prêts que les autres ; et c'est bien le cas. »

Si Hitler se voit contraint malgré tout de reporter l'offensive, c'est parce que le météorologue en chef de la Luftwaffe ne peut lui garantir les cinq jours de ciel clair nécessaires au succès de l'opération. Entre-temps, il y a eu le 8 novembre l'attentat manqué de la Bürgerbräukeller, venu à point nommé pour rehausser le prestige d'Hitler. Le 23 novembre, enfin, lors d'une réunion de ses commandants en chef, il fixe une nouvelle échéance pour le déclenchement des hostilités à l'Ouest : « Début décembre, et en tout cas avant Noël. » Pourquoi une telle hâte ? Hitler explique à son aide de camp von Below qu'il « aura besoin de l'armée pour une grande opération à l'Est contre la Russie *au printemps de 1940* ». Ainsi donc, il s'agit de vaincre la Pologne, les Pays-Bas, la Belgique, la France et la Grande-Bretagne en moins de neuf mois ! Cette preuve flagrante de l'incapacité d'Hitler à mesurer les contraintes de temps, d'espace, de ressources et d'engagement humain qu'impliquent des opérations militaires d'une telle ampleur laisse sans voix.

1. Le 11 janvier, un avion léger de la Luftwaffe, perdu dans le brouillard, a atterri à Mechelen-sur-Meuse, en Belgique. Il transportait les plans d'opérations complets d'une division devant participer à l'offensive, qui sont donc tombés entre les mains de l'armée belge.

La nouvelle date du déclenchement de *Gelb* a été fixée au 17 janvier 1940, mais après l'incident de Mechelen[1], il n'est plus question de respecter cette échéance, et il va falloir la reporter au printemps. Hitler s'y résigne d'autant plus aisément qu'il n'était pas satisfait de la conception originale de *Gelb*. Or, le 17 février, il prend connaissance d'un autre plan conçu par le général von Manstein[1], qui envisage un bouleversement complet du dispositif stratégique : au lieu de faire passer l'axe principal de l'offensive par les Pays-Bas et le nord de la Belgique, il propose de le déplacer vers les Ardennes pour frapper entre Sedan et Dinant, puis de lancer les divisions blindées en un grand mouvement de faux d'est en ouest, pour gagner la Manche et prendre à revers les armées alliées engagées en Bel-

Le général van Manstein.

gique. Von Brauchitsch et Halder avaient déjà rejeté ce concept[2], mais le Führer, séduit par sa hardiesse, s'en empare sans délai : l'ensemble du plan d'offensive sera modifié en conséquence.

Détour scandinave

Mais entre-temps, Hitler a appris que les Britanniques voulaient débarquer en Norvège et interrompre les approvisionnements de l'Allemagne en minerai de fer. L'arraisonnement par des destroyers de la *Royal Navy* du navire allemand *Altmark* dans un fjord norvégien le 16 février 1940[3] est venu confirmer cette menace. Dès lors, Hitler fait préparer un plan d'invasion de la Norvège – sans savoir s'il sera lancé avant ou après l'attaque à l'Ouest. Ce sera le plan *Weserübung*, élaboré par un état-major spécial au sein de l'OKW, le « Groupe 21 », travaillant dans le plus grand secret sous la direction du général von

1. À l'époque chef d'état-major du groupe d'armées A.

2. Tout comme l'état-major français, ils considéraient que les Ardennes étaient infranchissables par des divisions blindées ; en outre, ils estimaient que les panzers lancés vers Arras et Abbeville seraient vulnérables à une contre-attaque française sur leur flanc sud.

3. L'*Altmark* était le navire auxiliaire du croiseur *Graf Spee*, et il transportait vers l'Allemagne 299 marins britanniques rescapés des navires marchands coulés par le croiseur dans l'Atlantique Sud. Tous ces hommes ont été libérés lors de l'abordage, ce qui a décuplé la rage d'Hitler.

Falkenhorst. C'est qu'Hitler voit en *Weserübung* une opération combinée particulièrement délicate, qui échouerait immanquablement si l'ennemi en était informé ; or, on sait à la Chancellerie qu'il y a des fuites au sein de l'état-major allemand[1].

Le Führer, très nerveux à l'idée qu'une opération anglaise puisse devancer la sienne, décide finalement de déclencher l'invasion de la Norvège le 15 mars, et l'attaque à l'Ouest « quatre ou cinq jours plus tard ». C'est beaucoup présumer des forces de la Wehrmacht que de vouloir attaquer presque simultanément dans deux directions opposées, mais de toute façon, les impératifs stratégiques et les conditions climatiques vont rapidement imposer de nouvelles échéances : *Weserübung* ne sera mis en œuvre que le 9 avril 1940. Huit jours plus tôt, à Berlin, tous les responsables de l'opération ont fait leur rapport au Führer. Et le général von Falkenhorst de noter : « Il s'est entretenu avec chacun des généraux et chacun des amiraux. […] Jusqu'aux commandants des navires, avec qui il a discuté de la question de savoir s'ils débarqueraient les hommes à gauche ou à droite d'un objectif donné. Il n'a rien laissé au hasard ; c'était son idée, c'était son plan, c'était sa guerre. »

Minutieusement préparée, l'invasion de la Norvège est brillamment exécutée ; ayant échappé à la *Royal Navy* qui domine la mer du Nord, les six escadres de la Kriegsmarine font débarquer leurs groupes d'invasion à Oslo, Arendal, Stavanger, Bergen, Trondheim et Narvik, de sorte qu'au matin du 9 avril 1940, toutes ces villes sont prises[2]. Or, dans une Norvège très montagneuse s'étirant sur 2 700 kilomètres, celui qui tient les principaux ports contrôle pratiquement le pays. Mais comme toujours à la guerre, rien ne se passe comme prévu : la *Royal Navy* s'étant ressaisie, elle bloque les fjords qui donnent accès aux ports, isolant ainsi les divisions allemandes débarquées à Trondheim et Narvik. À Oslo, le roi de Norvège et son gouvernement sont parvenus à s'échap-

1. Le commandant Deyhle, aide de camp d'Hitler, notait dans son journal dès le 15 janvier 1940 : « Au cours des dernières semaines, les dates fixées successivement pour l'attaque à l'Ouest ont été connues en Belgique et en Hollande ; ceci est inexplicable. » Le lieutenant-colonel Oster, de la division centrale de l'*Abwehr*, est à l'origine de ces fuites, mais personne ne le sait à l'époque.

2. Pour faciliter les opérations aériennes, il a été décidé d'envahir simultanément le Danemark.

per et à lancer un appel à la résistance[1] ; l'armée norvégienne, mobilisée à la hâte, va donc contenir la Wehrmacht au nord d'Oslo, à l'est de Bergen, au nord comme à l'est de Trondheim et tout autour de Narvik, dans l'attente de l'arrivée des renforts promis par les Français et les Britanniques.

Troupes allemandes traversant un village norvégien bombardé.

Dès lors, ce que le Führer concevait comme une opération éclair se prolonge démesurément, l'obligeant à mobiliser des effectifs sur lesquels il comptait pour mener l'attaque à l'Ouest. Le 13 avril, ses destroyers aventurés dans le fjord de Narvik sont coulés par la *Royal Navy*, qui débarque des troupes au nord-ouest de la ville, achevant ainsi d'isoler les 1 500 chasseurs alpins autrichiens du général Dietl retranchés dans Narvik. Au sud, les colonnes motorisées de la Wehrmacht qui tentent de relier Oslo à Trondheim en remontant les grandes vallées transversales du Gudbrandsdal et de l'Østerdal se heurtent aux

1. Le croiseur *Blücher*, qui remontait le fjord d'Oslo à la tête des unités navales d'invasion, a été coulé devant la forteresse d'Oscarsborg, ce qui a retardé de plusieurs heures la prise de la ville.

L'invasion de la Norvège, avril 1940.

contingents alliés hâtivement débarqués à Namsos et Åndalsnes. À Narvik, il est vrai, les positions défensives allemandes sont solides, et les chasseurs alpins autrichiens parfaitement équipés pour soutenir un siège. Mais dès le 14 avril, alors que la ville n'a pas encore été attaquée, Hitler s'apprête à donner l'ordre d'évacuation ; il n'a pas dormi depuis plusieurs nuits, et le général Warlimont se souviendra de l'avoir vu « assis dans un

Artilleur allemand au nord de Narvik.

Parachutistes allemands à Narvik.

coin, à l'écart, regardant dans le vide comme absorbé par une méditation apathique, et ne paraissant plus attendre le salut que de quelque correspondance téléphonique ».

Dans la nuit du 16 au 17 avril, on craint une puissante attaque navale britannique, et la tension monte encore à la chancellerie du Reich : « Stavanger appelle au secours, note le général Jodl ; le Führer, hors de lui, répète que le groupe Dietl doit se frayer un chemin vers le sud ou être évacué. Je répète catégoriquement que : *a)* Une marche vers le sud est impossible. *b)* Une opération aérienne ne pourrait évacuer qu'une partie insignifiante des troupes, causerait la perte de nombreux avions et briserait le moral du général Dietl. On n'abandonne la partie que lorsqu'elle est perdue. » Mais Hitler n'écoute pas : cet après-midi-là, un ordre écrit parvient à l'OKW pour transmission immédiate au général Dietl ; il lui prescrit d'évacuer Narvik, puis de passer en Suède avec ses troupes afin qu'elles y soient internées. Cet ordre ne sera pas transmis, du fait de l'intervention énergique auprès du général Jodl de son subordonné, le lieutenant-colonel von Lossberg. Le soir même, quelque peu calmé par la réception de nouveaux rapports sur l'effet des bombardements de la Luftwaffe et sur la stratégie hésitante des Alliés, Hitler revient sur sa décision. Mais le fait demeure : lors de sa première intervention directe dans une campagne militaire d'envergure, le grand chef de guerre a entièrement perdu son sang-froid…

Bien entendu, la chose ne s'ébruitera pas, et c'est la Luftwaffe qui va redresser la situation en Norvège : depuis Stavanger jusqu'à Narvik, les navires britanniques sont bombardés sans relâche par les Stuka et les Heinkel 111 venus d'Oslo et d'Aalborg : 6 destroyers sont coulés, tandis que le croiseur *Suffolk* rentre à Scapa Flow la proue entièrement rasée. Les bombardiers se concentrent ensuite sur les ports de débarquement des troupes alliées : à partir du 18 avril, Åndalsnes, Molde, Namsos et Harstad sont soumis à d'intenses bombardements qui détruisent les quais, dévastent les entrepôts et incendient la plus grande partie des villes, après quoi la Luftwaffe peut s'attaquer aux chemins de fer, aux routes et au corps expéditionnaire allié qui les emprunte. Entre le 21 et le 23 avril, elle va jouer un rôle capital dans la déroute des Britanniques et des Norvégiens au nord de Lillehammer et au sud de Namsos. Après cela, leurs bases détruites, leurs lignes de communication harcelées et leurs arrières menacés, les rescapés doivent faire retraite vers la côte et parviennent à rembarquer d'extrême justesse entre le 1er et le 3 mai. Dès lors, les forces allemandes venues d'Oslo peuvent faire leur jonction avec celles de Trondheim, et toute la Norvège du Sud est aux mains de la Wehrmacht.

Plus au nord, en revanche, Narvik est désormais assiégée par une armée anglo-franco-polono-norvégienne forte de 30 000 hommes bien entraînés et équipés, soutenus par les canons de la marine et par 2 escadrilles de la RAF. La Luftwaffe, elle, n'intervient que ponctuellement et brièvement, le secteur de Narvik se trouvant à l'extrême limite de son rayon d'action. Avec le dégel, on peut s'attendre à un assaut imminent contre les chasseurs alpins du général Dietl ; celui-ci câble même à Berlin le 3 mai qu'il ne pourra tenir plus de dix à quatorze jours, provoquant ainsi une nouvelle crise à la chancellerie du Reich. Mais six jours plus tard, la Norvège du Nord va devenir pour Hitler un théâtre d'opérations secondaire[1]…

La décision à l'Ouest

Hitler est parti à l'aube du 10 mai pour son QG de guerre près d'Aix-la-Chapelle. Tout comme en Pologne, l'attaque à l'Ouest commence par un engagement massif de la Luftwaffe : 1 360 chasseurs et 1 480 bombardiers attaquent par surprise 70 champs d'aviation en France, aux Pays-Bas et en Belgique, détruisant au sol près de 1 000 avions. Peu avant l'aube, des troupes aéroportées s'emparent de l'aéroport de Schiphol, près d'Amsterdam. Au même moment, les ponts de Rotterdam sont occupés par des parachutistes, et une partie de la ville est rasée durant les négociations devant conduire à sa reddition. En Belgique, le fort d'Eben-Emael, contrôlant l'accès aux ponts de la Meuse et au canal Albert, est capturé par 500 commandos de l'air débarqués de planeurs. Ainsi, dès le soir du 11 mai, les forces aériennes alliées au nord de la Somme ont été pratiquement anéanties, et la Luftwaffe a déjà conquis la maîtrise du ciel. Au milieu d'un tel triomphe, les nouvelles de Londres annonçant l'accession au pouvoir de Winston Churchill sont passées pratiquement inaperçues…

« Parachutiste au-dessus de la Hollande. » Couverture d'un livre de propagande à l'intention de la jeunesse allemande.

1. Narvik sera finalement prise par les Alliés le 28 mai – et évacuée sept jours plus tard, en raison de la situation sur le front de l'Ouest.

En se portant vers la Belgique pour barrer la route aux Allemands, la 1re armée française et les 7 divisions britanniques font exactement ce que les Allemands attendaient d'elles : « Lorsque j'ai appris que l'ennemi avançait sur l'ensemble du front, dira plus tard Hitler, j'aurais pu en pleurer de joie. Ils étaient tombés dans le piège ! » C'est exact : alors que les Alliés font face au groupe d'armées B commandé par le général von Bock, c'est sur leurs arrières que la Wehrmacht va frapper. Franchissant les Ardennes, les 7 divisions blindées du groupe d'armées A, commandé par le général von Rundstedt, traversent la Meuse, bousculent 2 armées françaises à Sedan et amorcent dès le 14 mai un large mouvement tour-

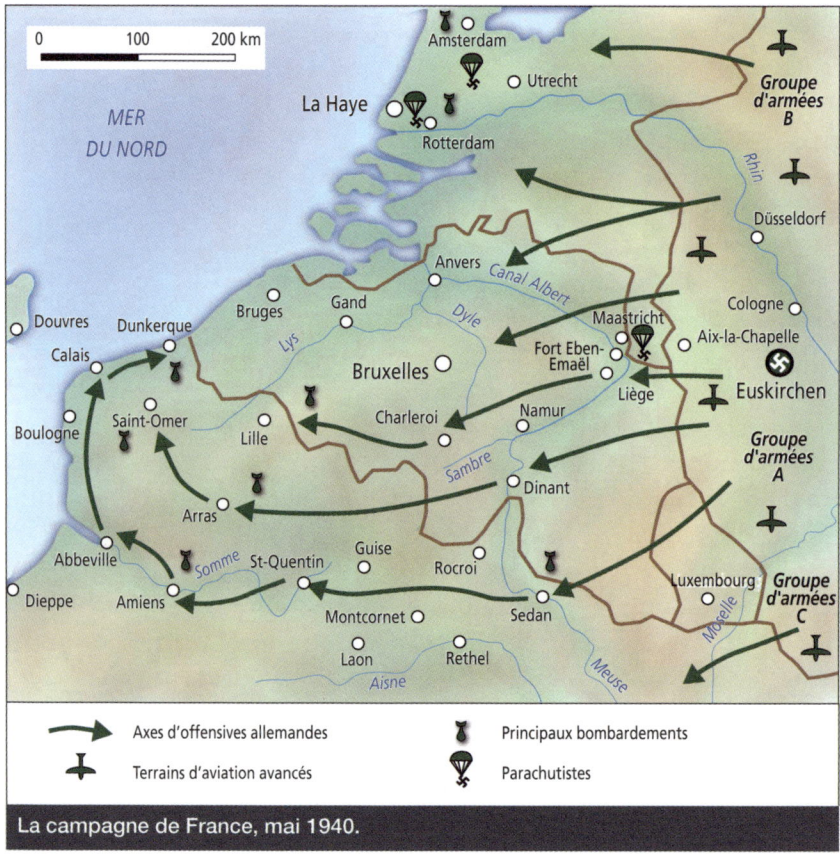

La campagne de France, mai 1940.

nant en direction de l'ouest ; c'est l'exécution parfaite du *Sichelschnitt*, le « coup de faux » prescrit par le général von Manstein. La rapidité du mouvement et la faiblesse de l'opposition surprennent les Allemands eux-mêmes : suivies par 37 divisions d'infanterie et précédées de bombardiers en piqué, les colonnes blindées du général Guderian ont dépassé Rethel, Vervins et Laon au soir du 15 mai, et poursuivent leur route à un train d'enfer en direction de l'Oise et de la Somme. Pendant ce temps, en Belgique, les divisions françaises, britanniques et belges, déjà durement accrochées à l'est, hautement vulnérables au nord du fait de la capitulation de l'armée néerlandaise et menacées au sud par la rupture du front de Sedan, doivent faire retraite vers l'ouest. Les chars français, utilisés en accompagnement d'infanterie, sont inefficaces devant les masses groupées de panzers, l'aviation française n'a pas de bombardiers en piqué, et ses chasseurs sont surclassés en nombre comme en qualité par les Me 109 de la Luftwaffe.

Les Panzers de von Rundstedt avancent vers la Manche.

Hitler s'entretenant de stratégie avec le général Rommel, mai 1940.

Entre le 16 et le 24 mai, on assiste à la prise de Saint-Quentin, d'Amiens, d'Arras et d'Abbeville, qui va achever d'isoler les divisions alliées aventurées en Belgique. Quelques tentatives de contre-attaque françaises sur le flanc sud du groupe d'armées A sont brisées par les canons de 88 de l'infanterie et les Stuka de la Luftwaffe. Sur la base des renseignements de l'OKW, Hitler intervient occasionnellement dans la conduite des opérations : le 16 mai, il donne l'ordre aux panzers de von Rundstedt de s'arrêter pour laisser à l'infanterie le temps de les couvrir sur leur flanc gauche, alors que les reconnaissances n'ont détecté aucun signe d'une contre-offensive imminente. L'ordre sera dépassé par la marche des événements, mais Hitler va intervenir à nouveau le 23 mai, avec des résultats d'une toute autre ampleur…

Dunkerque

À ce stade, les ports de Boulogne et de Calais sont cernés et dépassés par les éléments avancés du groupe d'armées A, tandis que les divisions d'infanterie du groupe d'armées B avancent inexorablement en Belgique et aux Pays-Bas. Dès lors, les armées franco-britanniques en déroute refluent vers Dunkerque, qui va se trouver rapidement cerné. Au matin du 23 mai, rien ne semble devoir empêcher les panzers de prendre la ville, en capturant les centaines de milliers d'hommes qui s'y sont réfugiés. C'est compter sans l'intervention du chef de la Luftwaffe Hermann Goering : « Tard dans l'après-midi du 23 mai, écrira le colonel Walter Warlimont, Goering a utilisé toutes sortes d'arguments pour persuader Hitler qu'il y avait là une occasion unique pour son aviation. Que le Führer donne l'ordre de laisser la Luftwaffe mener seule l'opération, et il se faisait fort d'anéantir ce qui restait des forces ennemies. Tout ce qu'il demandait, c'était qu'on lui laisse le champ libre ; en d'autres termes, les tanks devaient être suffisamment éloignés pour ne pas risquer d'être bombardés par nos propres avions.

Hitler et Goering : une décision fatale.

Hitler s'est empressé d'approuver le plan sans y réfléchir davantage. » Le commandant en chef de l'armée est consterné, ainsi que le notera le lieutenant-colonel von Lossberg : « Aux protestations indignées de Brauchitsch, le Führer a répondu que Goering écraserait toute tentative d'embarquement et coulerait avec sa Luftwaffe les navires qui réussiraient malgré tout à quitter la côte. Toutes les objections sont restées sans effet. Brauchitsch était furieux quand il a quitté le bunker. »

Eclaireurs de la Wehrmacht inspectant des chars français abandonnés.

L'intervention de Goering a été décisive, mais le Führer ne se range aux avis de son imposant maréchal que dans la mesure où ils coïncident avec ses propres préjugés. Or, en l'occurrence, Hitler a été dépassé par la rapidité du mouvement de ses divisions, et tout comme lors de l'affaire de Narvik, il a commencé à perdre son sang-froid. D'une part, il craint que le terrain inondable de la région de Dunkerque, où il a combattu durant la Grande Guerre, soit impropre à l'engagement de panzers. D'autre part, il redoute une contre-offensive soudaine des armées françaises du sud, qui prendrait ses chars à revers. Enfin, il veut conserver ses divisions blindées intactes pour la confrontation imminente avec le reste de l'armée française concentrée derrière la Somme : « Hitler, se souviendra son aide de camp Nicolaus von Below, tenait essentiellement à un mouvement rapide en direction du sud de la France. L'armée britannique lui paraissait sans importance[1]. » Quoi qu'il en soit, Hitler impose ses vues, et les panzers doivent s'immobiliser le 24 mai à 15 kilomètres de Dunkerque, sur une ligne Gravelines-Saint-Omer-Béthune.

Mais entre le 23 et le 26 mai, la Luftwaffe doit soutenir les troupes terrestres qui s'emploient à réduire les îlots de résistance de Boulogne et Calais ; le 26 mai encore, la *Luftflotte II*[2] du général Kesselring, déjà très affaiblie, ne peut mener qu'une seule opération de bombardement sur la poche de Dunkerque, et en s'attaquant au principal dépôt de carburant du port, elle provoque un gigantesque embrasement dont la fumée forme un écran opaque au-dessus de la ville – gênant ainsi considérablement les raids ultérieurs. À partir du 27 mai, alors que les blindés allemands ont repris leur mouvement, les bombardiers pilonnent méthodiquement Dunkerque, sans parvenir à interrompre les opérations de rembarquement qui s'effectuent sur l'avant-port et sur les plages. En outre, la Luftwaffe rencontre pour la première fois des appareils hautement performants : les Hurricane et les Spitfire de la RAF. Enfin, les bombardiers venus d'Allemagne ne peuvent passer au-dessus de l'objectif qu'un temps limité, et la précision de leur bombardement s'en ressent. Enfin, entre le 29 et le 31 mai, les conditions météorologiques se dégradent nettement sur le nord de la France.

Les avions d'observation allemands, gênés par le mauvais temps, les écrans de fumée et les patrouilles de la RAF, ne mesurent pas l'ampleur des opérations d'évacuation : 7 600 hommes le 27 mai, 17 800 le 28, 47 300 le 29, 53 800 le 30 et 68 000 le 31 – des rembarquements couverts par une armée alliée qui résiste avec acharnement. Même lorsque la Luftwaffe lance son effort maximal à partir du 1er juin, coule 2 destroyers et concentre ses attaques sur les plages, elle se heurte à de nouvelles difficultés : l'effet destructeur de ses bombes est considérablement

1. La thèse selon laquelle Hitler aurait ordonné l'arrêt par pure bonté et pour faciliter une négociation ultérieure avec les Britanniques peut difficilement être prise au sérieux, si l'on considère les témoignages de Halder, Guderian, von Below, Warlimont, von Lossberg, Engel, Kesselring, Galland, Schmidt, etc. Dans l'esprit d'Hitler, il n'y aurait pas eu de meilleur moyen d'obtenir la capitulation de la Grande-Bretagne que d'anéantir l'ensemble de son corps expéditionnaire.

2. 2e flotte aérienne.

amorti par le sable, et les pilotes de bombardier sont hors d'état d'attaquer les petits navires qui se présentent par milliers aux abords des plages. Enfin, l'essentiel des embarquements s'effectue désormais de nuit : 64 000 soldats sont encore évacués le 1er juin, 26 000 le 2, 28 300 dans la nuit du 3 au 4 juin. Alors que l'opération *Dynamo* s'achève dans la journée du 4 juin, 215 573 membres du corps expéditionnaire britannique et 123 037 soldats français ont rejoint l'Angleterre...

Les Alliés ont rembarqué en abandonnant tout leur équipement lourd sur les plages de Dunkerque.

L'ivresse de la victoire

Lorsque la Wehrmacht pénètre enfin dans Dunkerque au soir du 5 juin, elle est persuadée d'avoir remporté une éclatante victoire : 62 grands navires alliés coulés, 106 chasseurs britanniques abattus, des milliers de prisonniers français, tous les véhicules et les canons des armées alliées détruits ou capturés. Mais le corps expéditionnaire allié, lui, s'est échappé. Hitler, qui a transféré son QG de campagne à Brûly-de-Pesche, près de Rocroi, ne semble pas y attacher d'importance ; c'est qu'il ne songe qu'à poursuivre sa campagne contre le reste de l'armée française, massé au sud de la Somme et derrière la ligne Maginot. Dès le 5 juin, l'offensive reprend donc sur tous les fronts : à l'ouest, le groupe d'armées B du général von Bock enfonce les défenses françaises entre Abbeville et Péronne ; le 8 juin, il se dirige vers Rouen et Le Havre. Au centre, von Rundstedt a lancé

Les Panzers ont atteint la mer du Nord.

les panzers des groupes Kleist et Guderian sur l'Aisne en direction de Langres, Dijon et Besançon, contournant ainsi les défenses françaises sur la Meuse. Le 10 juin, l'Italie, volant au secours de la victoire, déclare la guerre à la France. Paris tombe le 14 juin et les armées françaises de l'Ouest et du Centre font précipitamment retraite vers le sud, tandis qu'à l'est, la 1re armée de von Leeb perce la ligne Maginot à la hauteur de Sarrebruck, pour foncer ensuite vers Belfort.

Une progression irrésistible : semi-chenillé pénétrant dans un village dévasté.

Partout, des soldats français en déroute se mêlent aux civils, dont l'exode encombre les routes. En mitraillant les axes routiers, les voies de chemin de fer et les nœuds de communication, la Luftwaffe désorganise la résistance et paralyse toute amorce de contre-offensive. L'aviation française se fait rare, et la coopération de la Luftwaffe avec l'armée de terre est exemplaire : les éléments de pointe de la Wehrmacht peuvent bénéficier d'un soutien aérien massif moins d'une demi-heure après l'avoir demandé. Dunkerque n'est déjà plus qu'un lointain souvenir.

À Bordeaux, où se sont réfugiées les autorités françaises, le défaitisme règne en maître ; le président du Conseil Paul Reynaud démissionne, et le maréchal Pétain est chargé de former un nouveau gouvernement. C'est bientôt la fin de toute résistance organisée en métropole, et lorsqu'enfin l'armistice est signé à Compiègne le 22 juin, Hitler savoure sa troisième victoire totale en dix mois ! Toutes les photos prises à l'époque indiquent que l'homme n'a pas le triomphe modeste. Mais a-t-il appris de ses erreurs, depuis Narvik jusqu'à Dunkerque ? Rien n'est moins sûr : lorsqu'il ne les a pas oubliées, il en a rejeté la faute sur d'autres. Quant aux victoires, bien sûr, elles n'appartiennent qu'à lui.

À Compiègne, devant le wagon de l'armistice. De gauche à droite : Keitel, Goering, Hess, Hitler, Halder.

PREMIER
REVERS

8

Intimidation

Le tour de la Grande-Bretagne est maintenant venu ; une guerre aérienne de basse intensité est déjà en cours au-dessus de la Manche, et dès le 16 juillet 1940, le Führer émet sa « Directive n° 16 pour la conduite de la guerre », qui débute ainsi : « Puisque l'Angleterre, en dépit de sa situation militaire désespérée, ne manifeste toujours pas la moindre volonté de parvenir à un accord, j'ai décidé de préparer une opération de débarquement en Angleterre, et de la mettre à exécution en cas de nécessité. » Suit une série d'instructions sur la façon d'exécuter l'opération (nom de code *Seelöwe*[1]) : « Le débarquement doit se faire par surprise, sur un large front allant à peu près de Ramsgate au secteur ouest de l'île de Wight. [...] L'aviation anglaise doit être suffisamment réduite moralement et matériellement pour ne plus pouvoir opposer de résistance significative à l'opération. [...] Il est souhaitable de neutraliser les forces navales anglaises peu avant la traversée. [...] Tous les préparatifs devront être terminés pour le milieu du mois d'août. »

Vaste programme ! Il n'est indiqué nulle part comment s'y prendre pour « neutraliser les forces navales anglaises », sans compter que débarquer « par surprise » sur une telle longueur de côtes après avoir franchi la Manche en pleine vue de l'ennemi confine à l'exploit, et que préparer un débarquement d'une telle ampleur en moins d'un mois relève de la magie pure et simple. Mais le Führer ne cesse d'improviser, il n'a le sens des proportions qu'en architecture, et il prend depuis toujours ses désirs pour des réalités... Lors d'un discours au Reichstag le 19 juillet, il tend à Londres un rameau d'olivier au bout d'un sabre d'abordage : « Je considère comme mon devoir d'en appeler une fois de plus à la raison et au bon sens. Je crois pouvoir lancer cet appel parce que je ne suis pas le vaincu qui quémande des faveurs, mais le vainqueur qui parle au nom de la raison. Je ne vois pas pourquoi cette guerre devrait se prolonger. » Rarement offre de paix aura été formulée avec tant d'arrogance...

1. « Otarie ».

Il y a pourtant une logique chez cet anglophile frustré[1] : d'une part, il pense que le gouvernement de Londres a été si impressionné par ses triomphes qu'il négociera sans tarder ; d'autre part, connaissant mal les institutions britanniques, il pense que l'opinion publique, le Parlement et le roi vont renverser Churchill et le remplacer par un homme plus accommodant, comme Lloyd George ou lord Halifax : « Le déclenchement d'une révolution en Angleterre, se souviendra le colonel von Lossberg, était une possibilité qu'il prenait tout à fait au sérieux. » Enfin, Hitler voudrait bien s'épargner une opération dont il connaît les risques, ainsi qu'il le confie à l'amiral Raeder dès le 21 juillet : « L'invasion de la Grande-Bretagne est une entreprise particulièrement audacieuse, parce que même si le trajet est court, ce n'est pas un simple franchissement de rivière ; c'est la traversée d'une mer dominée par l'ennemi. »

Moins de six semaines pour préparer une invasion qui n'a jamais réussi depuis neuf siècles ? On sait déjà que le Führer mesure mal les contraintes de temps, mais tout de même... D'autant que les problèmes stratégiques essentiels restent à régler : l'armée veut aborder sur un front très large allant de Ramsgate à Portsmouth, tandis que la marine se déclare hors d'état de protéger un débarquement d'une telle ampleur des attaques de la *Royal Navy*. En revanche, une opération sur un secteur plus limité – entre Margate et Brighton – serait plus facile à couvrir lors de la traversée, mais l'étroite tête de pont ainsi conquise serait très vulnérable à une contre-attaque ennemie. Et puis, conformément aux souhaits d'Hitler, il faudra convoyer 40 divisions, puis les mettre à terre : la marine ne veut pas les faire débarquer dans les ports anglais, trop bien défendus, tandis que

1. Au lendemain de l'armistice, le général Blumentritt, chef d'état-major de von Brauchitsch, a noté : « Le Führer nous a ensuite surpris en parlant avec admiration de l'Empire britannique, de la nécessité de son existence, et de la civilisation que la Grande-Bretagne avait apportée au monde. [...] Il a conclu en disant que son but était de sceller avec elle une paix sur la base de conditions qu'elle pourrait accepter comme compatibles avec son honneur. » Même souvenir chez le maréchal Kesselring : « Je savais que son action lui était dictée [...] par une prédilection secrète pour les Anglais, que j'avais déjà eu l'occasion d'observer. » À rapprocher de cette confidence d'Hitler lui-même au Norvégien Quisling le 14 décembre 1939 : « J'ai toujours été anglophile, et je le suis encore aujourd'hui, malgré la guerre que je suis contraint de mener. [...] De ce point de vue, il m'arrive de n'être pas compris de mon entourage. » On le conçoit aisément.

Prototype de panzer sous-marin conçu pour envahir l'Angleterre.

l'armée estime qu'elle n'est pas équipée pour débarquer *en dehors* des ports. Pour finir, l'armée et la marine déclarent qu'avant toute chose, la Luftwaffe doit conquérir la maîtrise du ciel. Cela revient à transférer toute la responsabilité au maréchal Goering, qui est assez vaniteux pour l'endosser. D'ailleurs, comme son Führer, il estime que les Britanniques auront contraint leur gouvernement à négocier bien avant qu'une offensive ne soit nécessaire.

C'est une erreur : le 22 juillet, Londres décline fermement l'offre de paix magnanime d'Hitler ; ceux qui misaient sur l'effondrement du moral anglais et l'isolement de Winston Churchill se sont donc lourdement trompés. Mais Hitler n'est pas homme à s'attarder sur ses erreurs d'appréciation, et il ordonne à la Luftwaffe d'« écraser l'aviation britannique aussi rapidement que possible. [...] La guerre aérienne intensive pourra commencer le 5 août ».

Tonnerre sur l'Angleterre

C'est donc une véritable armada qui attend l'*Adlertag*, le « Jour de l'Aigle », pour fondre sur la Grande-Bretagne : la *Luftflotte II* du maréchal Kesselring, déployée dans le nord-est de la France, en Belgique, aux Pays-Bas et en Allemagne du Nord ; la *Luftflotte III* du maréchal Sperrle, concentrée dans le nord-ouest de la France, depuis le Cotentin jusqu'à la vallée de la Loire ; la *Luftflotte V* du général Stumpff, basée au Danemark et en Norvège. Elles sont à même de couvrir tout le sud des îles Britanniques jusqu'aux Midlands, et tout le nord-est depuis Newcastle jusqu'à Aberdeen. À cet avantage stratégique s'ajoute une supériorité numérique écrasante : 227 chasseurs bimoteurs Me 110, et surtout 702 monomoteurs Me 109, qui surclassent en vitesse et en capacité ascensionnelle tous les appareils existants ; 875 bombardiers He 111, Do 17 et Ju 88, ainsi que 316 Stuka – près de 2 200 appareils en tout, contre les 710 chasseurs opérationnels que peuvent aligner les Britanniques[1]. À quoi il faut ajouter que les aviateurs allemands sont aguerris par quatre campagnes aériennes[2]

La bataille d'Angleterre, été 1940.

1. Avec tout de même 293 appareils de réserve, ce qui a échappé aux services de renseignement allemands.

2. Espagne, Pologne, Norvège, France.

majeures, tandis que les pilotes de la RAF n'ont aucune expérience du combat. Voilà pourquoi, lorsque les premiers raids massifs sont lancés à partir du 13 août, Hitler et son tonitruant maréchal de l'Air sont convaincus du succès de l'entreprise[1].

Bombardiers Heinkel 111 partant vers l'Angleterre.

Au cours des deux semaines suivantes, les ports, les terrains d'aviation, les postes de commandement, les stations radar, les usines d'aviation et les nœuds de communication du Kent, du Dorset, du Sussex, du Hampshire, du Northumberland et de Durham sont écrasés sous les bombes, et la RAF subit des pertes considérables. Mais Hitler a négligé plusieurs facteurs essentiels : les conditions climatiques, qui empêchent souvent de repérer les cibles, l'usure des avions et des pilotes allemands, qui ont été presque constamment en opérations depuis plus de trois mois, la faible autonomie des chasseurs et la lenteur des bombardiers de la Luftwaffe[2], le faible tonnage de bombes qu'ils emportent,

1. Le maréchal Goering se faisant fort d'« écraser entièrement la RAF en quatre semaines ».

2. Les chasseurs allemands Me 109 n'ayant qu'une autonomie de vol de 80 minutes et la traversée de la Manche prenant déjà une demi-heure dans chaque sens, il ne leur reste plus que 20 minutes pour des actions offensives et défensives contre la chasse britannique. En outre, il leur faut rester à la hauteur des bombardiers lents He 111 et Do 17 qu'ils escortent, ce qui les prive de leurs principaux atouts : la vitesse et la capacité ascensionnelle.

Le Hurricane est avec le Spitfire le principal atout de la RAF.

les mauvaises communications air-sol et air-air[1], l'aviation de reconnaissance déficiente, et surtout la nécessité de combattre loin des bases de départ sont autant de facteurs qui limitent l'efficacité de l'aviation allemande et multiplient ses pertes[2].

Mais à tout cela, il faut ajouter l'habituelle propension d'Hitler à sous-estimer l'ennemi ; or, celui-ci dispose d'un système défensif perfectionné, avec de redoutables chasseurs, des pilotes d'une stupéfiante témérité[3], deux ceintures radar couvrant les approches du territoire et les côtes françaises, un système de communication sol-air très performant, une industrie capable de

1. L'absence de communications serait plus exact : les avions une fois en l'air ne peuvent plus communiquer avec leur base, et les chasseurs n'ayant pas les mêmes fréquences radio que les bombardiers, il en résulte de tragiques méprises.

2. Dans la deuxième moitié d'août, 217 chasseurs abattus en une semaine, alors que l'industrie allemande en produit seulement 178 par mois.

3. Et qui ont l'énorme avantage de combattre au-dessus de leur propre territoire, de sorte que si leurs avions sont touchés, ils peuvent sauter en parachute et souvent reprendre le combat ultérieurement, tandis que les pilotes allemands abattus au-dessus de la Grande-Bretagne sont invariablement portés manquants.

produire des avions plus vite que les Allemands ne peuvent les abattre, et une RAF commandée par de grands professionnels comme l'*Air Chief Marshal* sir Hugh Dowding et l'*Air Vice-Marshal* Park. Mais en dépit de tout cela, l'aviation britannique aurait sans doute ployé sous le nombre et perdu la maîtrise de l'air au début de septembre, si Hitler n'était intervenu personnellement pour infléchir la stratégie de la Luftwaffe…

Revirements fatidiques

Depuis le 13 août, l'aviation allemande a déjà reçu plusieurs fois l'ordre de changer d'objectif prioritaire : la navigation dans la Manche, les ports, les aérodromes militaires, les stations radar, les postes de commandement, les usines d'aviation et les entrepôts – autant de contre-ordres successifs hautement nuisibles à des bombardements qui ne peuvent être efficaces que s'ils sont soutenus. Mais dans la nuit du 24 au 25 août, à la suite d'une erreur de navigation, des appareils allemands ont lâché leurs bombes sur l'*East End* de Londres. Tant par pugnacité que pour soutenir le moral de ses concitoyens, Churchill a ordonné un raid de représailles sur Berlin ; il n'y provoque que des dégâts insignifiants, mais contre toute raison, Churchill s'obstine, et les bombardements se répètent durant les jours suivants. Alors, Hitler se laisse emporter : « Nous raserons leurs grandes villes ! » hurle-t-il lors de son discours du 4 septembre au *Sportpalast*. En fait, ce n'est pas seulement une question de représailles : dès la fin du mois d'août, au vu du retard pris par les préparatifs d'invasion, le Führer a reporté le lancement de *Seelöwe* au 21 septembre. Or, pour que ce nouveau délai soit respecté, la Luftwaffe doit conquérir la maîtrise du ciel anglais, et l'attaque de Londres provoquera d'intenses combats aériens, permettant d'éliminer la chasse ennemie. Du reste, un assaut contre la capitale, renforcé par des raids sur d'autres grandes villes, désorganisera les structures gouvernementales du pays et terrorisera les populations, qui s'empresseront de se soumettre[1]. N'est-ce pas après tout l'effet obtenu par les bombardements de

1. À ce stade, il ne s'agit pas de s'en prendre directement aux populations civiles, mais de bombarder les installations portuaires, les dépôts de carburant et les centres administratifs de la capitale. Toutefois, la précision très relative des bombes laisse prévoir d'importants dégâts collatéraux.

Varsovie et de La Haye ? Le 5 septembre, Goering reçoit donc l'ordre de lancer sa Luftwaffe contre la « cible suprême ».

L'erreur capitale

Le 7 septembre en fin d'après-midi, 300 bombardiers escortés par 600 chasseurs survolent le Kent et le Sussex pour atteindre les faubourgs de la capitale, où ils déversent des bombes explosives et incendiaires avant d'être attaqués par 33 escadrilles de la chasse britannique. L'est de la ville et les docks sont dévastés, tandis que d'immenses incendies ravagent les entrepôts du port et servent de balises aux raids suivants. Mais si pour les civils de Londres, Manchester, Birmingham, Liverpool, Hull et Newcastle, le calvaire commence, les officiers du *Fighter Command* y voient d'emblée l'annonce du salut ; alors que les forces aériennes britanniques du sud de l'Angleterre, avec de lourdes pertes et un système d'appui au sol fortement désorganisé, étaient sur le point de fléchir, la Luftwaffe se détourne brusquement de la plupart de ses objectifs militaires. Ce répit providentiel va permettre à la RAF de réparer ses lignes de communication, de réapprovisionner ses aérodromes et de reconstituer ses escadrilles décimées. « Bien que nous ayons pris l'ascendant sur l'ennemi dans une zone restreinte au début de septembre, confirmera Kesselring, nous n'avons pu le conserver après le début des raids sur Londres. » C'est une litote : en moins d'une semaine, les « lords[1] » se ressaisissent et provoquent un véritable carnage parmi les assaillants ; le 15 septembre, 300 Hurricane et Spitfire prennent l'air, et les formations de Do 17, He 111 et Ju 88 sont accrochées bien avant d'avoir atteint leurs objectifs. Ce jour-là, 59 avions allemands sont abattus, dont 34 bombardiers[2], tandis que 24 autres sont sévèrement endommagés.

Pour Hitler, ce sont là des pertes insupportables – d'autant qu'il a déjà compris que les bilans de victoires aériennes fournis par son *Reichsmarschall* étaient hautement fantaisistes : son aide de camp s'étant enquis auprès de l'état-major de la Luftwaffe des effectifs estimés de la chasse britannique, il

1. *« Die Lords »* : c'est ainsi que les pilotes allemands ont baptisé – avec un certain respect – leurs jeunes adversaires de la RAF.

2. Contre 26 chasseurs de la RAF, avec seulement 13 pilotes tués.

avait appris que la RAF avait 600 chasseurs dans ses escadrilles de première ligne, et 600 appareils plus anciens en réserve. En d'autres termes, il lui en resterait davantage qu'au début de la bataille ! Sans compter les bombardiers, que les Britanniques envoient pilonner les concentrations de péniches de débarquement entre Ostende et Le Havre – avec des résultats dévastateurs.

Les Stukas, redoutables en Pologne et en France, se révéleront particulièrement vulnérables lors de la bataille d'Angleterre.

Renoncement

Décidément, les éléments nécessaires au succès de l'invasion ne sont toujours pas réunis, et les conditions de vents et de marées vont rapidement devenir défavorables. Il est vrai qu'Hitler ne s'est jamais intéressé de près à ce plan *Seelöwe*, qui pose tant de problèmes et n'a pas même de commandant en chef ; et puis, il y a l'aspect naval de l'opération, qui intimide le Führer : « Sur terre, a-t-il coutume de dire, je suis un héros ; sur mer, un lâche ! » Et le colonel Warlimont de confirmer : « Je l'ai moi-même entendu dire qu'il acceptait que des soldats allemands meurent pour l'Allemagne, mais qu'il refusait de prendre la responsabilité de les envoyer par milliers au fond de l'eau avant qu'ils aient pu tirer un coup de fusil. » D'autant que le Führer en a besoin pour une autre opération qui lui tient bien plus à cœur...

Dès le 21 juillet, en effet, le général Halder notait dans son journal : « Objectif : écraser l'armée russe ou au moins prendre autant de territoire russe qu'il est nécessaire pour empêcher un bombardement de Berlin ou des industries silésiennes. Il est souhaitable de pénétrer assez loin pour rendre notre armée de l'air capable de frapper les centres névralgiques soviétiques. « 22 juillet : [Von Brauchitsch] semble avoir résumé dans l'instruction suivante ses impressions d'une conversation de la veille avec le Führer : "Il faut s'occuper du problème de la Russie. Nous devons commencer à y penser." »

Et même à y penser sérieusement, ainsi que l'apprend avec stupéfaction le colonel Warlimont au matin du 29 juillet, lors d'une réunion des officiers de la section L dans le train spécial de l'OKW : « Jodl s'est assuré que toutes les portes et les fenêtres du wagon-restaurant étaient fermées, après quoi il nous a révélé sans préambule qu'Hitler avait décidé de débarrasser "définitivement" le monde du danger bolchevique par une attaque surprise de la Russie soviétique, à lancer le plus tôt possible, c'est-à-dire en mai 1941. [...] Notre consternation n'en a été que plus grande lorsque nous avons compris que la lutte contre l'Angleterre ne devait pas nécessairement être achevée au préalable, mais qu'au contraire, la victoire sur la Russie [...] était censée être le meilleur moyen de forcer l'Angleterre à faire la paix. »

C'est bien en effet de cela qu'il s'agit, puisque trois jours plus tard, le général Halder note ces paroles du Führer : « Si la Russie est battue, c'est le dernier espoir de l'Angleterre qui disparaît. » Tout cela est bien tortueux, même pour qui connaît l'esprit tourmenté du Führer : en quoi le fait d'attaquer l'URSS peut-il forcer l'Angleterre à se soumettre ? Mais on comprend mieux dès lors l'étrange désintérêt d'Hitler pour les préparatifs d'invasion de la Grande-Bretagne : il a manifestement l'esprit ailleurs. Le 15 septembre, au Berghof, il parle à nouveau d'« attaquer la Russie, pour retirer à l'Angleterre toute nouvelle possiblité d'alliance », et deux jours plus tard, il annule *Seelöwe*. Certes, il ne l'annoncera que le 12 octobre aux chefs de la Wehrmacht, et les bombardements de nuit sur les villes anglaises redoubleront d'intensité. Mais le fait demeure qu'Hitler vient de renoncer à l'invasion des îles Britanniques…

Un stratège mis en échec devant l'Angleterre.

L'ENTRE-PRISE SUPRÊME

9

Stratégie périphérique

Puisqu'il ne peut vaincre directement la Grande-Bretagne, Hitler envisage de l'attaquer à sa périphérie. N'est-ce pas tout le sens du pacte tripartite d'assistance mutuelle signé le 27 septembre 1940 avec l'Italie et le Japon ? D'après les calculs de Ribbentrop, l'Italie pourrait aider l'Allemagne à chasser les Anglais des Balkans, de Cyrénaïque et d'Égypte, tandis que le Japon occuperait Hong-Kong, la Malaisie, la Birmanie et l'Inde, tout en tenant en respect les États-Unis, l'unique soutien de la Grande-Bretagne dans le monde. C'est précisément dans cette optique que l'amiral Raeder propose à Hitler un ambitieux plan d'opérations en Méditerranée : il s'agit de lancer trois offensives vers le sud, dont la première passerait par l'Espagne pour conquérir Gibraltar, puis franchirait les détroits et s'emparerait de l'Afrique du Nord, tandis que la deuxième débarquerait en Tripolitaine à partir de l'Italie, et la troisième traverserait les Balkans, la Grèce et la Turquie, pour aller occuper la Syrie, l'Irak et le canal de Suez ! Après cela, les Britanniques seraient bien obligés de s'incliner...

Hitler, qui distingue toujours mal le possible du souhaitable et n'est guère troublé par des considérations de distances, de reliefs et de logistique, voit tout cela d'un assez bon œil. Malgré tout, il considère que pour détruire les positions britanniques en Méditerranée, il lui faut la coopération de la France ou de l'Espagne, et de préférence celle des deux à la fois : la France, ses colonies et sa flotte lui permettraient de prendre pied sur les rivages africains, d'obtenir des bases en Algérie et en Tunisie, d'atteindre l'Égypte, et de chasser les gaullistes d'Afrique équatoriale ; avec l'aide de l'Espagne, il pourrait conquérir Gibraltar, verrouiller les approches occidentales de la Méditerranée et occuper le Maroc, avec sa précieuse façade atlantique.

Voilà pourquoi Hitler va rencontrer le général Franco à Hendaye le 23 octobre, et le maréchal Pétain à Montoire le lendemain. Mais il s'avère que le Caudillo pose des conditions exorbitantes pour coopérer, tandis que le maréchal Pétain est aussi réticent à entrer en guerre contre les Britanniques qu'à disputer l'Afrique équatoriale aux Français libres.

La rencontre d'Hendaye, 23 octobre 1940.

Les deux entretiens se soldent donc par un échec, rendu plus cuisant encore par un message de Mussolini informant Hitler qu'il s'apprête à attaquer la Grèce. Décidément, tout semble se liguer pour contrer le projet de croisade antibritannique en Méditerranée, et lors de son voyage de retour, le Führer en tire des conclusions prévisibles : « Hitler, notera von Below, est maintenant plus convaincu que jamais que la guerre contre la Russie devra être déclenchée en 1941, entre mai et septembre, quand tout sera encore calme à l'Ouest. En 1942, il devra avoir à nouveau les mains libres pour combattre la Grande-Bretagne. »

Voilà donc le plan de Raeder remisé aux oubliettes ; d'ailleurs, Hitler reste eurocentré, l'Afrique et le Moyen-Orient l'intéressent médiocrement, et les opérations maritimes le mettent toujours mal à l'aise. Mais avant de prendre une décision définitive, il attend la visite à Berlin du ministre des Affaires étrangères soviétique Molotov, à qui il compte proposer une alliance contre l'Angleterre : l'Allemagne contrôlerait l'Europe depuis le cap Nord jusqu'à l'est des Balkans, tandis que l'URSS étendrait sa domination à l'Irak, à la Perse et à l'Inde. Mais lors de son séjour à Berlin entre le 12 et le 14 novembre, Molotov affirme qu'il s'intéresse davantage à la Baltique et à la mer Égée qu'au golfe Persique et à l'océan Indien ; il ajoute même que l'URSS veut avoir les mains libres en Finlande, en Roumanie, en Bulgarie et en Turquie – autant de pays qu'Adolf Hitler considère comme des chasses gardées...

Dès lors, le Führer confie ses conclusions au commandant Engel, qui note le 15 novembre : « De toute façon, il n'attendait rien de cette visite. Les pourparlers ont montré dans quelle direction s'orientent les plans de la Russie. [...] Laisser les Russes pénétrer en Europe, ce serait condamner l'Europe centrale. [...] Le Führer veut un quartier général permanent en Prusse orientale. » La livraison d'armes à la Finlande, l'accession de la Roumanie au pacte tripartite à la fin de novembre et l'augmentation rapide du nombre de divisions sur les frontières orientales du Reich laissent déjà deviner les intentions d'Hitler ; conforté par des rapports sur les grandes purges au sein de l'appareil militaire soviétique, par les observations faites lors de l'occupation russe de la Pologne orientale et par les piètres performances de l'Armée rouge durant la guerre de Finlande, le Führer considère l'URSS comme un colosse aux pieds d'argile. En décembre, il déclare à von Brauchitsch que la campagne devra être déclenchée « à la fin du mois de mai 1941 », et qu'il faudra engager dans l'affaire « 130 à 140 divisions » pour « écraser la Russie soviétique au cours d'une campagne éclair », en s'assurant la coopération des Finlandais au nord de Leningrad et celle des Roumains à l'ouest d'Odessa. Nom de code : *Barbarossa*. Le sort en est jeté...

Dispersions

Hitler a beau être obsédé par sa future campagne contre la Russie, il n'en exige pas moins que l'on achemine un corps aérien complet vers l'Italie méridionale, pour aider Mussolini à se tirer du mauvais pas dans lequel il s'est mis en attaquant la Grèce[1] ; il demande en outre que l'on prépare des plans détaillés d'offensive terrestre contre les Grecs pour le printemps de 1941 (opération *Marita*), et veut envoyer une division blindée commandée par le général Rommel pour renforcer les Italiens en Libye. Et puis, il s'agit de poursuivre l'offensive aérienne contre la Grande-Bretagne, bien qu'elle soit toujours aussi coûteuse, pour des résultats toujours aussi décevants. Enfin, il faut assurer la défense antiaérienne des centres industriels du Reich, de plus en plus souvent attaqués par les bombardiers de la RAF.

Pendant ce temps, la base économique du Reich reste bien fragile ; c'est ainsi que l'on produit à grands frais de l'essence synthétique et du minerai de fer à basse teneur, alors que l'approvisionnement en pétrole roumain comme en minerai russe à haute teneur se poursuit sans interruption, et que l'on s'apprête à occuper les champs pétrolifères du Caucase et les mines de fer de l'Ukraine ; on s'obstine à fabriquer un caoutchouc synthétique, alors que le caoutchouc naturel parvient toujours en grandes quantités d'Asie du Sud-Est ; on continue à réaliser des constructions somptuaires au profit des dignitaires nazis, alors que toute l'industrie manque de matières premières ; on suit une instruction du Führer d'abandonner tous les projets de nouvelles armes ne pouvant aboutir avant la fin de 1941, alors qu'il est grand temps de prévoir ce qui sera disponible en 1942 – et bien au-delà…

C'est le 27 mars 1941 qu'Hitler est informé d'un événement susceptible de bouleverser tous ses plans : le régent Paul de Yougoslavie, qui venait d'accepter l'adhésion de son pays au pacte tripartite, a été renversé à Belgrade par le général Simovitch. Hitler, fou de rage, ordonne que l'on retarde la mise en œuvre du plan *Marita*, pour le faire précéder d'une invasion de la Yougoslavie à partir de l'Autriche et de la Bulgarie. Il s'agit de « démanteler l'État » et de « détruire l'armée yougoslave ». Un plan de campagne est produit par l'OKH dans le temps record d'une semaine, et l'attaque contre la Yougoslavie et la Grèce est déclenchée à l'aube du

1. Loin de se laisser impressionner, les Grecs ont repoussé les troupes italiennes jusqu'en Albanie, en leur infligeant de lourdes pertes.

Panzer III au Montenegro, avril 1941.

Voiture radio de la Wehrmacht dans la banlieue d'Athènes, avril 1941.

6 avril 1941. Une fois encore, des armées peu aguerries ploient sous le redoutable impact des panzers et des Stuka, tandis que le bombardement aérien de Belgrade fait plus de 10 000 morts. Les 17 et 21 avril, les armées yougoslave et grecque capitulent, tandis qu'un corps expéditionnaire britannique venu renforcer les Grecs évacue précipitamment le pays. Dès la fin du mois d'avril, le Reich domine l'ensemble des Balkans.

Cette impressionnante série de victoires est complétée au-delà de la Méditerranée par l'avance fulgurante de l'*Afrika Korps* du général Rommel, qui bouscule les troupes alliées, traverse toute la Cyrénaïque et occupe le 12 avril 1941 la bourgade de Bardia, à proximité immédiate de la frontière égyptienne. C'est le moment que choisit le Premier ministre irakien Rachid Ali pour mener une révolte contre les faibles contingents britanniques stationnés dans le pays, et faire appel

Le général Rommel.

L'Afrika Korps à Tripoli, février 1941.

L'avance allemande en Méditerranée, printemps 1941.

à l'aide allemande au début du mois de mai. Ainsi, sur les deux rives de la Méditerranée, rien ne semble pouvoir s'opposer à l'avance victorieuse de la Wehrmacht.

Mais derrière ces brillantes apparences, les déconvenues s'accumulent : en mars 1941, c'est l'annonce du vote par le Congrès américain de la loi prêt-bail, qui donne à la Grande-Bretagne un accès pratiquement illimité aux ressources américaines, tout en rapprochant les États-Unis de l'entrée en guerre. Hitler ne s'y trompe pas, qui déclare le 24 mars : « Si l'on voulait, on pourrait déjà y voir un *casus belli*. [...] En tout cas, cette loi prêt-bail me cause de nouveaux problèmes. » Sans doute, mais il y en a bien d'autres, dont le principal se manifeste dans l'après-midi du 11 mai : la veille au soir, le ministre du parti Rudolf Hess, troisième homme du Reich, s'est secrètement envolé pour l'Écosse à bord d'un Me 110, en laissant une lettre pour expliquer au Führer son intention de négocier une paix séparée avec certaines personnalités britanniques. De fait, Londres annonce dès le 13 mai que Rudolf Hess a été fait prisonnier, et Hitler est livide : c'est une énorme perte de prestige pour son gouvernement[1], et personne ne sait ce que Hess a pu dire aux Anglais sur l'opération *Barbarossa*, qui n'est éloignée que de six semaines.

Un coup d'éclat permettra tout de même de détourner l'attention : le 20 mai 1941, l'unique division de parachutistes du général Student et la 5e division de montagne participent à l'opération *Merkur* d'invasion de la Crète. Pendant dix jours, les 22 000 défenseurs de l'île résistent avec acharnement, tandis que la *Royal Navy* coule la plupart des renforts que la Wehrmacht tente d'acheminer par mer. Le 31 mai, enfin, les 15 000 soldats alliés survivants évacuent l'île, et les Allemands restent maîtres du terrain. Mais ils ont perdu 4 500 hommes et 271 avions Ju 52, soit la moitié de la flotte de transport opérationnelle du Reich. C'est une victoire bien amère : « Le Führer, se souviendra Student, a été très troublé par les lourdes pertes des unités de parachutistes. Par la suite, il m'a dit souvent : "L'ère des parachutistes est révolue." » De fait, il ne les engagera plus jamais dans des opérations aéroterrestres.

Parachutistes allemands à bord d'un camion anglais capturé en Crète, mai 1941.

1. La propagande de Goebbels n'arrangera pas les choses en annonçant que le troisième personnage du Reich a perdu la raison.

Un malheur venant rarement seul, le Reich connaît à la même époque une nouvelle déconvenue, en Irak cette fois. Les choses avaient pourtant bien commencé : les troupes de Rachid Ali avaient cerné 2 200 Britanniques dans la base d'aviation de Habbaniya, à l'ouest de Bagdad, et les Allemands ont obtenu de Vichy le droit d'utiliser les aéroports syriens pour acheminer des renforts aux insurgés. Mais à partir de là, rien ne se passe comme prévu : la garnison d'Habbaniya, loin de se rendre, contre-attaque et met les Irakiens en déroute, puis les poursuit jusqu'à Bagdad ; les premiers avions allemands et italiens qui se posent à Mossoul le 13 mai sont pris sous le feu de la RAF venue de Bassora et de Palestine, les renforts n'arrivent pas, et le 30 mai, alors que les Britanniques sont aux portes de Bagdad, la rébellion s'écroule, Rachid Ali prend la fuite, les positions de Vichy en Syrie sont menacées, et le Reich perd une occasion unique de chasser les Anglais de la région. Il est vrai que l'essentiel des forces aériennes allemandes dans le secteur méditerranéen est mobilisé par les opérations de Crète, que le reste est engagé en Cyrénaïque, et surtout que le Führer se désintéresse très largement du Moyen-Orient : « On ne peut pas être partout à la fois, dit-il à Gerhard Engel ; l'Orient en soi ne serait pas un problème, s'il n'y avait cet autre plan, qui est irrévocable. »

Retour à l'essentiel

L'autre plan, c'est bien sûr *Barbarossa*, qui occupe désormais les pensées d'Hitler au détriment de tout le reste. C'est ainsi que le major Engel est surpris de constater à quel point le Führer semble peu affecté par la perte du navire de ligne *Bismarck*, coulé le 27 mai par la *Royal Navy* dans l'Atlantique. C'est que depuis le 1er mai, Hitler a fixé la date du déclenchement de *Barbarossa* au 22 juin, pour tenir compte des délais nécessaires au retour des blindés descendus jusqu'au sud de la Grèce. Le plan d'attaque, lui, est définitivement arrêté depuis la mi-mars : au cours des premières soixante-douze heures, la Luftwaffe détruira au sol l'aviation soviétique, les divisions de l'Armée rouge stationnées derrière la frontière seront cernées et anéanties, après quoi trois armées passeront à l'offensive, la première au nord en direction de Leningrad, la deuxième au sud vers Rostov, tandis que la troisième marchera sur Moscou. Hitler considère toujours que seuls les deux premiers objectifs sont essentiels, celui du nord pour son importance politique, celui du sud pour son blé et son pétrole. La capitale, elle, peut attendre : « Moscou n'a pas la moindre importance ! », a-t-il même décrété le 17 mars. Le but final sera d'occuper l'ensemble du territoire jusqu'à une ligne Astrakhan-Arkhangelsk, ce qui permettra de mettre le Reich hors d'atteinte de l'aviation ennemie, tout en restant à portée de bombardement des zones industrielles de l'Oural. Le 2 juin, Hitler rencontre Mussolini au col du Brenner, sans lui souffler mot de ce qui se prépare[1] – si bien que le Duce en déduira naïvement que son interlocuteur est « rassasié de victoires ».

Comme toujours, le Führer sous-estime résolument l'adversaire : les Soviétiques, explique-t-il à Goebbels, ont à peu près autant de divisions que la Wehrmacht – 180 à 200 –, mais elles sont très inférieures en qualité ; de même, les chars et l'aviation russes ne soutiennent pas la comparaison avec les panzers et la Luftwaffe[2]. La campagne ne devrait donc pas durer plus de trois à quatre mois. Hitler en est si certain qu'il a évoqué *pour l'automne 1941* « une offensive en Afrique du Nord sur une grande échelle[3] », ainsi qu'un « mouvement à travers la Turquie et la Syrie » pour prendre l'Égypte en tenaille[4]. Il a même éconduit le général von Brauchitsch, qui voulait faire préparer des vêtements chauds pour les forces armées en-

1. Explication du Führer : « Si l'on confie un secret à ces bavards d'Italiens, autant le faire imprimer dans la presse quotidienne ! »

2. Les renseignements dont dispose le Führer sont très approximatifs : le nombre de divisions soviétiques à l'époque est de 303, dont 258 sont à distance opérationnelle de la Russie occidentale, tandis que l'Armée rouge dispose de trois fois plus de chars que la Wehrmacht, et que les avions soviétiques sont quatre fois plus nombreux que ceux de la Luftwaffe. Il est vrai que ce sont pour l'essentiel des modèles périmés, les nouveaux types d'avions et de chars n'étant encore sortis qu'en petit nombre des usines russes.

3. Pour les Allemands, le terme d'« Afrique du Nord » désigne principalement la Tripolitaine et la Cyrénaïque.

4 . À cet égard, Hitler n'a pas varié : après la destruction du bolchevisme et l'acquisition des ressources de l'URSS, son but final reste la défaite de l'Angleterre.

Planification au Berghof avec Ribbentrop, mai 1941.

gagées en Russie. À quoi bon ? Il est évident que la campagne sera terminée bien avant l'hiver…

À la veille d'un nouveau bond dans l'inconnu, il y aurait pourtant de quoi s'inquiéter ; après tout, les soldats du Reich sont déjà disséminés du cap Nord aux Pyrénées et du Pas-de-Calais à la mer Égée, la victoire leur échappe encore dans la Manche comme en Cyrénaïque, leur patrie est attaquée presque chaque nuit par la RAF, leur machine de guerre s'est usée dans six campagnes en vingt-deux mois, leurs ressources sont terriblement limitées et leurs lignes d'approvisionnement étirées à l'extrême… Et voilà qu'Hitler ouvre un second front[1], ce qu'il s'était promis de ne jamais faire lorsqu'il écrivait *Mein Kampf*. Mais dans ce même livre, il s'était engagé à conquérir un espace vital à l'Est, et cette obsession domine toutes les autres.

1. Et même un troisième, si l'on considère que des hostilités sont en cours au-dessus de la Manche comme en Méditerranée.

À l'aube du 22 juin, 3 groupes d'armées s'ébranlent depuis la Baltique jusqu'aux Carpates : 3,5 millions d'hommes, 190 divisions[1], 3 350 tanks, 7 184 pièces d'artillerie. L'aviation, forte de 2 465 appareils, attaque 66 aérodromes de première ligne et prend l'ennemi entièrement par surprise : 1 800 avions soviétiques sont détruits dès le premier jour, 800 le lendemain, 557 le surlendemain, 351 le 25 juin et 300 le 26 juin. S'étant assurée d'emblée la maîtrise du ciel, la Luftwaffe peut désormais se consacrer à sa seconde tâche : le soutien aux colonnes blindées qui déferlent vers l'est. En trois semaines, 176 divisions allemandes et alliées s'enfoncent profondément à l'intérieur du pays, en effectuant de vastes mouvements tournants qui permettent de faire des centaines de milliers de prisonniers ; au nord, le groupe d'armées de von Leeb traverse les pays baltes pour atteindre la Louga, à moins de 100 kilomètres de Leningrad ; au centre, les blindés de von Bock nettoient la poche de Minsk et parcourent 800 kilomètres pour prendre Smolensk, à moins de 400 kilomètres de Moscou ; au sud, les armées de von Manstein sont aux portes de Kiev dès le 11 juillet, après avoir balayé les armées du maréchal Boudienny en Ukraine occidentale. Comme en Pologne,

Fantassins allemands dépassant un char BT détruit.

1. Dont 7 divisions SS.

en France et dans les Balkans, la Luftwaffe mitraille les colonnes de véhicules, bombarde les postes de commandement, dévaste les nœuds de communication et écrase les concentrations de troupes, contraignant les armées soviétiques à la reddition ou à la dispersion. À la mi-juillet, on estime que 89 des 164 divisions soviétiques ont été partiellement ou entièrement anéanties. Dans le *Wolfschanze* de Rastenburg, le quartier général caverneux du Führer en Prusse orientale, on exulte : quelle armée au monde pourrait survivre à un tel désastre ?

Opération *Barbarossa*, juin-novembre 1941.

10

LA VICTOIRE
INTROUVABLE

Hésitations stratégiques

« Dans quatre semaines, assure Hitler, nous serons à Moscou ! » Mais en vérité, ce n'est pas Moscou qui intéresse le Führer ; ses deux priorités lors de l'élaboration du plan *Barbarossa* étaient Leningrad et Kronstadt d'une part, Kiev et Rostov d'autre part. Bien sûr, von Brauchitsch, Halder et le commandant du groupe d'armées Centre von Bock sont partisans d'une offensive immédiate en direction de la capitale, mais Hitler a d'autres idées : en prenant Leningrad et Kronstadt, la Wehrmacht fermera la Baltique à la flotte soviétique ; en s'emparant de Kiev, elle s'ouvrira le chemin de Kharkov et des bassins miniers du Donetz, et surtout, elle avancera vers Rostov, qui donne accès au pétrole du Caucase.

Les fantassins allemands sur les traces de la Grande Armée.

Pourtant, Hitler hésite, et il confie ses pensées le 28 juillet à Gerhard Engel, qui note : « Le Führer ne dort pas la nuit, car beaucoup de choses lui échappent encore. Il est partagé entre le politique et l'économique. D'un point de vue politique, il serait tenté de crever les deux principaux abcès : Leningrad et Moscou. Ce serait aussi le coup le plus dur porté au peuple russe et au parti communiste. Goering l'a certes assuré qu'il était en mesure de s'en charger tout seul avec la Luftwaffe, mais depuis Dunkerque, le Führer est devenu quelque peu sceptique. D'un point de vue économique, il y a des cibles bien différentes. Si Moscou est un grand centre industriel, le sud est tout de même plus important, avec son pétrole, ses céréales et tout le nécessaire pour la sauvegarde de l'espace vital. […] En tout cas, une chose est sûre : le fait d'éparpiller des tanks dans les villes constitue un péché contre l'esprit. Il faut les engager dans les vastes espaces du sud. »

Panzer III amphibie engagé en Ukraine.

Certes, mais lors des conférences de situation biquotidiennes, Hitler donne des ordres contradictoires : le « Supplément à la Directive n° 33 » du 23 juillet, qui prévoyait des offensives de blindés au Nord et au Sud, doublées d'une simple action d'infanterie au Centre, est annulé le 30 juillet et remplacé par une « Directive n° 34 » prévoyant que « le groupe d'armées Centre fera une pause de récupération en prévision d'une nouvelle attaque ». Mais le 12 août, un supplément à la Directive n° 34 prévoit bien une offensive de blindés sur Moscou, « une fois éliminées les menaces qui pèsent sur les flancs » – ce qui est remis en question trois jours plus tard par un nouvel ordre de détacher des panzers du groupe d'armées Centre pour aider le groupe d'armées Nord à repousser une faible contre-attaque soviétique ! Von Brauchitsch se plaint amèrement du désordre créé par ces interventions brouillonnes, considère qu'« il faut des instructions comportant des objectifs tout à fait clairs », et fait parvenir au Führer le 18 août un mémorandum exposant la nécessité d'une offensive immédiate en direction de Moscou – le groupe d'armées Centre ne pouvant plus opérer après le mois d'octobre, en raison des conditions climatiques.

Hitler, affaibli par une attaque de dysenterie, tarde à répondre, mais le 21 août, il met fin à toute discussion : le groupe d'armées Centre doit rester à Smolensk ; 3 de ses divisions iront vers le nord pour prêter main-forte au groupe d'armées de von Leeb qui investit Leningrad, tandis que sa 2e armée blindée fera mouvement vers le sud pour rejoindre le groupe d'armées de von Manstein, qui tente d'encercler la Ve armée soviétique autour de Kiev. Après cela seulement, le groupe d'armées Centre pourra se porter vers Moscou[1]. Von Brauchitsch considère ce plan comme inexécutable : « On ne peut pas tout faire à la fois, et il est utopique d'engager des forces qui ne sont pas disponibles. » Mais il faut bien s'incliner : Moscou attendra.

Avide de regagner le prestige perdu en Abyssinie, en Libye et en Grèce, Mussolini a fini par envoyer 3 divisions italiennes sur le front

1. Selon von Below, Hitler aurait même dit à von Bock lors d'une visite au groupe d'armées Centre qu'après la chute de Leningrad et Rostov, les groupes d'armées Nord et Sud convergeraient vers Moscou et feraient leur jonction à l'est de la capitale… Le Führer ne semble pas avoir pris en compte les distances impliquées.

Hitler et Mussolini rendent visite aux troupes italiennes en Ukraine, août 1941.

russe. Le 28 août, il se rend avec Hitler en Ukraine occupée. Devant les ruines fumantes d'Ouman, Hitler s'émerveille des prouesses de sa Wehrmacht : « Qui a estimé le nombre de kilomètres parcourus par mes incomparables soldats depuis Narvik jusqu'aux Pyrénées, et depuis l'Afrique jusqu'ici ? L'ensemble de la Russie tombera entre leurs mains avant l'hiver, et au printemps, de nouvelles conquêtes les attendront aux frontières de l'Oural, de la Perse et de la mer Caspienne. L'Asie sera enfin à portée de l'Axe. » Mussolini attend patiemment la fin de l'interprétation, puis il répond d'une voix lasse : « *E allora ? Piangeremo como Alessandro Magno per la luna ?* » – « Et après ? Nous pleurerons comme Alexandre le Grand de ne pouvoir conquérir la lune ? » Hitler, qui n'a jamais entendu parler du grand poème de Giovanni Pascoli, se réfugie dans un silence renfrogné.

L'ivresse de vaincre

Mais en Ukraine, la stratégie du Führer semble payante : le 25 septembre, la bataille de Kiev s'achève par une destruction complète des divisions du maréchal Boudienny, prises au piège entre le 1er corps blindé de von Kleist et la 2e armée blindée de Guderian. La Wehrmacht capture 665 000 hommes, 884 tanks et 3 018 pièces d'artillerie, et voit s'ouvrir tout grand devant elle le chemin de l'Ukraine orientale, de la Crimée et du Caucase. Pour les chefs de l'OKW Keitel et Jodl, c'est une confirmation éclatante du génie de leur Führer ; lui-même n'a pas le triomphe modeste, et il prédit que dès la mi-octobre, « les bolcheviks seront en pleine déroute ». Par sa « Directive n° 35 », il ordonne la liquidation des forces ennemies devant Moscou avant l'arrivée de l'hiver : 69 divisions passeront à l'attaque devant Moscou, après quoi les panzers lanceront une offensive en tenaille destinée à se refermer 120 kilomètres à l'est de la capitale. Il y a certes de nouvelles protestations à l'OKH : deux mois ont été perdus, le temps ne va pas tarder à se gâter, et mieux vaudrait établir des positions fortifiées sur la ligne du Dniepr pour passer l'hiver. Von Rundstedt et von Brauchitsch en sont fermement partisans, mais Hitler, qui n'a que mépris pour une stratégie aussi timorée, est auréolé de ses dernières victoires ; il ne reste plus qu'à s'exécuter.

Prisonniers soviétiques après la bataille de Kiev, septembre 1941.

Barbarossa : les troupes allemandes en action...

C'est donc le 2 octobre qu'est déclenchée la grande offensive des 67 divisions du groupe d'armées Centre contre les 55 divisions du maréchal Timochenko massées à l'ouest de Moscou. Le temps est splendide, l'ennemi est pris par surprise, et le 7 octobre, les 3e et 4e groupes blindés allemands cernent dans la région de Viazma d'importants éléments de 6 armées soviétiques ; plus au sud, la 2e armée blindée de Guderian participe à l'encerclement de Briansk, qui tombe le 6 octobre. Dès lors, 9 armées sont prises au piège – 673 000 hommes, 1 242 blindés et 5 412 canons. Mais à cette date, les panzers foncent déjà vers Kalinin, Borodino, Volokolamsk, Toula et Kalouga – l'ultime ligne de défense avant Moscou. Pendant ce temps, les éléments avancés du groupe d'armées Nord de von Leeb sont parvenus à 16 kilomètres de Leningrad, ils ont fait 20 000 prisonniers dans la poche de Louga et ont traversé le fleuve Volkhov en direction de Tikhvine, sur la dernière ligne de chemin de fer approvisionnant Leningrad. Au sud de l'Ukraine, enfin, la 11e armée

... lance-flammes et canon antichar.

et le 1er groupe blindé font 106 000 prisonniers et capturent 212 chars entre Orekhov et Ossipenko, tandis que les panzers de von Kleist approchent de Rostov. Ainsi, depuis l'Arctique jusqu'à la mer d'Azov, rien ne semble pouvoir endiguer la ruée des forces du Reich.

Conquérants vulnérables

Il y a pourtant quelques failles dans l'armure : la première est la dispersion des forces allemandes sur un front de 2 700 kilomètres à travers d'immenses étendues de champs, de forêts, de marécages et de toundras, où les voies ferrées sont rares et les routes déplorables. Dans ces conditions, l'approvisionnement des armées en vivres, en munitions et en carburant présente des difficultés croissantes : le seul ravitaillement du groupe d'armées Centre nécessiterait l'arrivée à Smolensk de 70 convois quotidiens ; il n'en parvient que 23[1] ! Or, l'usure

1. À titre de comparaison, 100 à 120 trains quotidiens approvisionnent au même moment les trois fronts défensifs de l'Armée rouge dans le secteur de Moscou

de la Wehrmacht sur l'ensemble du front est considérable : elle est en action sans discontinuer depuis quatre mois, la puissance de combat de ses divisions d'infanterie est réduite du tiers, 40 % de ses panzers sont hors d'usage et le reste ne fonctionne qu'au prix d'exploits quotidiens, l'obtention des pièces détachées constituant un cauchemar permanent.

Tout cela est vrai, mais reste sans influence sur la prise de décision stratégique allemande, car la seconde faille dans l'armure se situe au plus haut niveau du commandement : « À sa manière impulsive, écrira le lieutenant-colonel von Lossberg, Hitler prenait souvent des décisions qui n'étaient nullement de la compétence du commandant suprême. [...] Grâce à l'excellent travail des services de renseignement, on pouvait voir sur la carte à chaque phase de la campagne l'emplacement exact de toutes les divisions. [...] Hitler aimait s'absorber dans de tels détails, émettait des avis sur des questions dont il ne pouvait vraiment pas juger depuis son bunker en Prusse orientale, et passait même par-dessus la tête de von Brauchitsch pour donner directement des ordres par télé-phone ou par radio aux postes de commandement sur la ligne de front. »

C'est un fait : Hitler intervient intempestivement, change souvent d'avis, ne tient aucun compte des distances, des reliefs, de l'état des routes, des conditions d'approvisionnement, de l'épuisement des hommes et de l'usure du matériel ; il ne se fie qu'à ses intuitions, dédaigne les rapports des services de renseignement, méprise ses généraux, rejette leurs conseils, veut attaquer partout à la fois, croit aveuglément à la toute-puissance de la volonté et sous-estime constamment l'adversaire ; il exige que l'on crée sans cesse de nouvelles divisions, sans se préoccuper de compléter les ef-fectifs et les armements des divisions existantes ; son but étant moins de renverser Staline que de réduire la Russie à l'état de colonie allemande, il interdit toute coopération avec les éléments nationalistes baltes, ukrai-niens et biélorusses, et lance ses féroces *Einsatzgruppen* contre les Juifs et les commissaires politiques des régions capturées. Certaines de ses décisions sont prises impulsivement, tandis que d'autres font l'objet de longues hésitations et se trouvent souvent dépassées par le cours des événements ; la plupart sont fondées sur des considérations complexes, fluctuantes et contradictoires, qui déroutent invariablement ses subordonnés : « Le Führer, note ainsi Engel, ne cesse d'osciller entre des objectifs économiques, stratégiques – et raciaux aussi, malheureusement. »

Panzers de tête sur la route de Leningrad.

Les résultats sont souvent déplorables, comme on peut le constater sur le front Nord dès la mi-septembre : les premiers éléments de la division blindée du général Reinhardt ont occupé une hauteur dominant Leningrad, d'où l'on aperçoit déjà les coupoles dorées de l'Amirauté ; la prise de la ville semble imminente, lorsque le général reçoit un ordre téléphonique du QG de von Leeb : la division doit renoncer à l'assaut, et même évacuer sa position avancée ! Reinhardt proteste, mais s'entend dire que le Führer ne veut plus prendre Leningrad, préférant l'assiéger et laisser mourir de faim sa population. Cet excès de machiavélisme se paiera très cher : une occasion aussi favorable de prendre Leningrad et Kronstadt ne se présentera jamais plus. Au sud, le manque de mesure et l'excès d'ambition sont tout aussi évidents : von Rundstedt a été chargé de gagner Voronej sur le Don, puis de suivre le Donetz jusqu'à Rostov – après quoi il devra s'emparer avec son aile droite des gisements pétroliers caucasiens de Maïkop, et avec son aile gauche de Stalingrad sur la Volga. En somme, une progression supplémentaire de 650 kilomètres au-delà du Dniepr, pour aboutir à une dispersion des effectifs entre le nord-est et le sud-ouest, avec un flanc nord entièrement à découvert et d'incessantes diversions vers Orel au nord et la Crimée au sud – le tout devant être accompli avant le début de l'hiver ! Ce mépris des distances, des contraintes de temps et des règles élémentaires de la stratégie coûtera également très cher...

Mais pour la Wehrmacht, le troisième élément de vulnérabilité provient des initiatives de l'Armée rouge : contrairement aux prévisions, ses soldats se battent pied à pied, utilisent admirablement les embûches du terrain, établissent des réseaux de défense en profondeur truffés d'obstacles antichars, et parviennent désormais à échapper par petites unités aux manœuvres d'encerclement de la Wehrmacht. Pour une armée que les Allemands croient avoir écrasée, ils en voient reparaître trois autres, formées derrière Moscou, la Volga et l'Oural, qui menacent leurs flancs à l'ouest de Kharkov, au nord de Smolensk et à l'est de Leningrad. Elles sont puissamment aidées par les premières attaques de partisans sur les arrières des panzers : ce sont des éléments de divisions disloquées lors des premiers combats, qui se sont réfugiés dans les forêts de Bialystok ou les marais du Pripet, renforcés de paysans ukrainiens et biélorusses chassés de leurs foyers par les exactions économiques des gauleiters et les odieux massacres des SS d'Himmler. En outre, les divisions soviétiques qui paraissent en nombre à l'est du Volkhov, du Dniepr et du Don sont accompagnées de tanks d'un modèle encore inconnu des Allemands, les KV 1 et les T 34, qui surclassent les panzers en rapidité et en puissance de feu. Enfin, après avoir détruit au sol des milliers d'avions soviétiques, la Luftwaffe voit paraître de nouveaux appareils plus modernes, comme le chasseur Yakovlev 1, le bombardier Petliakov 2 et le redoutable bombardier en piqué Sturmovik. La Luftwaffe, elle, n'a plus en Russie que 1 075 appareils de tous types, alors que le front ne cesse de s'étendre et que les principaux aérodromes, centres industriels et postes de commandement de l'Armée rouge se trouvent désormais hors d'atteinte derrière la Volga.

Le général Hiver

Mais outre les cruelles lubies du Führer, les incertitudes stratégiques, la combativité de l'ennemi, l'immensité du pays, l'usure du matériel et la désorganisation de l'approvisionnement, la Wehrmacht a une dernière préoccupation, qui commence à dominer toutes les autres : ce sont les conditions atmosphériques qui se dégradent inexorablement, rendant les vols hasardeux, dissimulant les objectifs et transformant les pistes d'envol en champs de boue. Or, ce qui est gênant pour l'aviation est catastrophique pour l'armée de terre : à partir du 8 octobre, des pluies diluviennes s'abattent sur l'ensemble du front, transformant les pistes en fondrières et les champs en marécages, paralysant les transports de munitions et de carburant, et interdisant toute nouvelle avance. À la mi-octobre, le 4e groupe blindé piétine toujours près de Kalouga et de Mojaïsk, la 9e armée reste immobilisée au sud de Kalinin, et la 2e armée blindée de Guderian est bloquée à 100 kilomètres de Toula ; au sud, le 1er groupe blindé de von Kleist doit emprunter des chemins inondés et des routes minées qui freinent considérablement sa progression vers Rostov ; sur le front Nord, enfin, c'est le blizzard qui contient les troupes allemandes au sud-est de la ville, les empêchant de faire leur jonction avec les forces finlandaises et d'isoler Leningrad.

À partir du 22 octobre, les pluies cessent, la température baisse, les sols durcissent et l'offensive peut reprendre sur l'ensemble du front. Au sud, la 6e armée prend Kharkov le 24 octobre ; au centre, les forces allemandes font un nouveau bond qui les mène à Kalinine et Volokolamsk, tandis que les avant-gardes blindées de Guderian parviennent le 30 octobre jusqu'à la lisière de Toula, sans pouvoir y pénétrer ; au nord, enfin, les divisions de pointe de la 16e armée s'emparent le 9 novembre du nœud ferroviaire de Tikhvin, coupant ainsi la dernière ligne de chemin de fer qui approvisionne Leningrad. Pour soutenir cet effort décisif, la Luftwaffe engage tout ce qui est en état de voler entre Tallin et Odessa. Le 13 novembre 1941, alors que la neige commence à tomber sur le front de l'Est, une conférence réunit le général Halder et les chefs des trois groupes d'armées : faut-il poursuivre le mouvement ou se retrancher pour l'hiver ? Le commandant du groupe d'armées Sud estime qu'une offensive doit se limiter à la prise de Rostov-sur-le-Don ; celui du groupe d'armées Nord exclut toute nouvelle attaque, en considération de

Affiche de propagande soviétique, 1941.
« Défendons notre chère Moscou ! »

l'épuisement des hommes et de l'usure du matériel ; en revanche, le maréchal von Bock veut poursuivre l'offensive au centre, car il estime que la prise de Moscou est une nécessité militaire, matérielle et psychologique : on ne peut rester longtemps immobile dans la neige et le froid à 70 kilomètres de la capitale. C'est aussi l'opinion d'Hitler, qui attend toujours l'effondrement de l'ennemi.

Le 15 novembre 1941, les forces du groupe d'armées Centre repartent donc à l'offensive pour entamer l'encerclement de la capitale. Sur l'aile droite, les panzers de Guderian, contournant Toula, se portent vers Gorlovo à l'est, Mikhaïlov au nord-est et Kachira au nord. Sur l'aile gauche, le 3e groupe blindé coupe la ligne de chemin de fer reliant Moscou à Kalinine et enfonce les lignes soviétiques pour atteindre Iakhroma à l'est et Krasnaïa Poliana au sud-est. À la fin de novembre, le mouvement d'enveloppement se dessine clairement, et les éléments avancés de la 2e division de panzers ne sont plus qu'à 35 kilomètres au nord-ouest de Moscou, tandis que l'armée blindée de Guderian atteint Kachira, à 110 kilomètres au sud-est de la capitale. Plus au sud, d'autres attaques se développent depuis Orel en direction de Voronej. Mais les 67 divisions du maréchal Bock sont devenues terriblement vulnérables : dispersées sur près de 800 kilomètres, n'ayant plus que 40 % de leurs effectifs de départ et 35 % de leurs chars, elles ne reçoivent que le tiers de l'approvisionnement nécessaire pour affronter un ennemi qui commence à harceler leurs flancs et reçoit constamment des renforts. En outre, la Luftwaffe se trouve désormais confrontée à des avions soviétiques qui sont bien moins éloignés de leurs bases, mieux approvisionnés en carburant, et surtout nettement plus adaptés aux conditions climatiques.

C'est justement cet élément qui va se révéler décisif lors de l'affrontement qui se dessine ; car la température descendant à −20°, puis −30°, les avions allemands ne peuvent plus décoller, les tourelles des panzers se figent, les mitrailleuses s'enrayent, l'huile des moteurs gèle, les locomotives s'immobilisent, les convois de ravitaillement n'arrivent plus et les fantassins, vêtus et équipés pour l'été, supportent très mal ces conditions extrêmes : beaucoup meurent de froid avant même d'affronter l'ennemi. Dès le 1er décembre, le maréchal von Bock avait informé l'OKH que toute poursuite de l'offensive serait absurde avec des troupes épuisées et des blindés à court d'essence. Mais entre le 5 et le 6 décembre, alors qu'un large mouvement de retraite s'amorce de Kalinine à

Par −25°, un motocycliste allemand se protège du froid avec un masque à gaz

Skieurs sibériens tractant une mitrailleuse Maxim
lors de la contre-offensive de Moscou.

Toula par −35°, 17 armées soviétiques commandées par le général Joukov passent brusquement à la contre-offensive, avec des troupes fraîches venues de Sibérie et parfaitement équipées pour la guerre d'hiver ; dès lors, les divisions allemandes aventurées à l'est du Dniepr et de l'Ougra sont directement menacées. En Ukraine, le 1er groupe blindé de von Kleist a bien pris Rostov le 21 novembre, mais il doit l'évacuer précipitamment huit jours plus tard pour échapper à l'encerclement par 3 armées soviétiques. Sur le front du Nord, enfin, les Allemands abandonnent Tikhvin le 9 décembre sous la pression des armées du général Meretskov, qui libèrent ainsi la principale voie d'approvisionnement de Leningrad. Ainsi, dès le 10 décembre 1941, avec ou sans ordres du Führer, les armées allemandes sont en retraite sur l'ensemble du front.

À ce stade, la Luftwaffe est sollicitée en permanence pour attaquer les concentrations de troupes, les locomotives et les tanks soviétiques, pour larguer des conteneurs de vivres, de munitions et de carburant aux divisions isolées, et même pour tenter d'interrompre la navigation ennemie dans la mer Noire, en Baltique et en mer de Barents. Au vu du surmenage des pilotes, de l'usure de leurs avions, de l'état des pistes d'envol et des conditions atmosphériques détestables, on peut considérer qu'elle livre là un combat héroïque – d'autant que c'est le moment choisi par l'aviation soviétique pour passer à l'offensive : entre le 15 novembre et le 5 décembre, celle-ci effectue près de 16 000 sorties contre le groupe d'armées Centre, entre Toula, Rjev, Kalinin et Smolensk. Les champs d'aviation allemands subissent de violents bombardements, et les attaques à basse altitude des Sturmovik contre les panzers accélèrent considérablement la retraite de la Wehrmacht. Or, c'est à ce moment précis que le Führer fait retirer du front central une bonne partie de la *Luftflotte II* pour l'envoyer en Méditerranée, où les convois de l'Axe sont attaqués sans répit, tandis que les forces du général Rommel viennent d'être repoussées jusqu'à leurs bases de départ près d'El-Agheila.

Hubris

Le 7 décembre 1941, les Japonais attaquent la base navale américaine de Pearl Harbor et entraînent les États-Unis dans la guerre. Hitler est pris par surprise, mais dès le 11 décembre, à l'étonnement général, il déclare lui-même la guerre aux États-Unis. Dès lors, le conflit devient véritablement mondial. Rien n'indique que le Führer ait consulté qui que ce soit avant de prendre une telle décision ; comme toujours, il a réagi sous le coup de l'inspiration, « avec l'assurance d'un somnambule[1] ».

C'est apparemment cette même inspiration qui lui dicte que les armées engagées à l'Est ne doivent pas reculer, bien qu'elles subissent le double choc de l'hiver russe et de la contre-offensive soviétique. Au contraire, il ordonne une reprise de l'offensive à des maréchaux qui

1. Se fiant à des lectures vieilles d'un demi-siècle, il surestime fortement le potentiel militaire japonais, sous-estime fatalement celui des États-Unis, et prévoit que ceux-ci seront hors d'état d'intervenir en Europe avant au moins un an. À cela s'ajoute la satisfaction du Führer de pouvoir enfin attaquer dans l'Atlantique les convois de ravitaillement américains à destination de la Grande-Bretagne.

ramènent tant bien que mal leurs troupes sur des positions plus faciles à défendre. Dès le 1er décembre, le Führer a retiré son commandement à von Rundstedt, coupable d'avoir fait évacuer Rostov pour éviter l'encerclement; les deux autres commandants de groupes d'armées, von Leeb et von Bock, vont être également limogés, de même que le général Guderian ; et le 19 décembre, c'est le commandant en chef de l'armée, von Brauchitsch qui est contraint de céder la place ! Comme toujours, Hitler a besoin de boucs émissaires pour dissimuler ses erreurs...

Malgré tout, il peut difficilement ignorer les dures réalités du moment : depuis le 22 juin 1941, la Wehrmacht combat sur un front de 3 600 kilomètres entre la Laponie et la Crimée, et elle a déjà perdu 743 112 hommes − soit 23 % des effectifs engagés − et un matériel de guerre considérable détruit, hors d'usage ou abandonné à l'ennemi ; la Luftwaffe se trouve dispersée entre la Norvège, la Finlande, les pays baltes, la Pologne, la Biélorussie, l'Ukraine, la Crimée, les côtes de la Manche, la Sicile, la Grèce, la Crète et la Cyrénaïque, alors que la campagne à l'Est ne cesse d'absorber ses ressources et qu'elle y a déjà perdu 568 chasseurs, 758 bombardiers, 170 Stuka et 200 avions d'observation ; sur la Manche comme sur la Méditerranée, les forces allemandes ne sont pas plus proches de la victoire que sur la Baltique ou la mer Noire ; la bataille de l'Atlantique se révèle coûteuse et indécise, faute d'une coopération étroite entre la Luftwaffe et la Kriegsmarine ; en Libye, les forces de Rommel sont sévèrement malmenées par les Britanniques ; depuis l'attaque de l'URSS, l'Europe occupée devient de plus en plus difficile à tenir, et de la Carélie jusqu'à la Yougoslavie, des mouvements de partisans commencent à harceler les forces allemandes ; le territoire même de l'Allemagne est soumis à des bombardements britanniques de plus en plus sévères ; l'approvisionnement de l'industrie allemande en matières premières reste un casse-tête permanent ; l'exploitation économique de la Russie, qui promettait tant de richesses, se révèle décevante, et les puits de pétrole du Caucase restent hors d'atteinte ; enfin, l'entrée en guerre des États-Unis vient concrétiser une menace que tous redoutaient dans l'entourage du Führer.

Tanker allié tropillé dans l'Atlantique.

Grenadage d'un sous-marin allemand par un destroyer d'escorte allié.

Pourtant, alors que commence l'année 1942, Hitler est pleinement satisfait de son action et confiant dans la victoire finale : ses vaillantes troupes n'occupent-elles pas toute la Russie d'Europe jusqu'au-delà du Dniepr ? Ne sont-elles pas parvenues aux portes de Leningrad, de Moscou et de Rostov, leurs trois buts initiaux ? Ne contrôlent-elles pas 40 % de la population russe, 70 % de tout le minerai de fer du pays, 63 % du charbon, 58 % de l'acier et 60 % de l'aluminium ? N'ont-elles pas mis hors de combat 7 millions de soldats de l'Armée rouge tués, blessés ou faits prisonniers ? Ne viennent-elles pas de détruire l'essentiel de l'aviation et des blindés soviétiques ? Dans toute l'histoire du monde, aucun régime n'a jamais survécu à une telle saignée.

Illusions

Mais Hitler, dont la capacité d'autosuggestion est sans limites, choisit de négliger le revers de la médaille : le gros des forces soviétiques

Position allemande de mitrailleuse légère MG 34, front du Centre.

a échappé à toutes les tentatives d'encerclement, s'est regroupé derrière la Volga et a même repris l'offensive au cœur de l'hiver ; les grandes usines d'armement que l'on s'attendait à capturer ont été démontées et transportées vers l'est au prix d'un effort surhumain, et elles ont recommencé à produire au-delà de l'Oural ; l'armée d'invasion a perdu un quart de ses effectifs, ainsi que la moitié de son aviation et de ses blindés ; enfin, si la Wehrmacht a atteint les trois objectifs qui lui avaient été fixés, elle n'a pu y pénétrer et a même été obligée de s'en éloigner, sous l'action conjuguée des intempéries et de la contre-offensive soviétique. À cet égard, la situation est même si peu satisfaisante que le Führer vient de contraindre au départ 35 de ses généraux, les commandants des 3 groupes d'armées et leur supérieur Walther von Brauchitsch...

Qui pourrait succéder à von Brauchitsch ? Après mûre réflexion, Hitler n'a trouvé qu'une seule personne qui en soit digne : lui-même. Bien sûr, il cumule déjà les fonctions de ministre de la Guerre et de commandant suprême de la Wehrmacht depuis la démission de von Blomberg en 1938, mais ce n'est pas vraiment un obstacle, ainsi que l'expliquera le Führer lui-même : « N'importe qui peut faire le petit travail qui consiste à diriger les opérations en temps de guerre. La tâche du commandant en chef est d'éduquer l'armée dans un sens national-socialiste, et je ne connais aucun général d'armée qui soit capable de le faire comme je l'entends. C'est pourquoi j'ai décidé de m'en charger personnellement. »

Certes, mais un commandant en chef de l'armée a bien d'autres responsabilités ; le Führer n'ayant nullement l'intention de les assumer, elles retomberont par défaut sur le chef d'état-major Halder et sur le chef de l'OKW Keitel. Or, le premier n'a pas le temps de s'en occuper et le second n'en a pas les compétences. Et puis, Hitler ayant les faiblesses que l'on sait, il faut s'attendre à ce que ses interventions intempestives soient doublées d'un contrôle étroit des commandants sur le terrain, aboutissant à paralyser toute initiative autonome en réponse aux actions ennemies. Pour l'heure, en tout cas, l'ordre du Führer à l'armée est d'une simplicité biblique : « Plus un pas en arrière ! Tenir jusqu'au dernier

« La tâche du commandant en chef est d'éduquer l'armée dans un sens national-socialiste .»

homme ! » Sur tout le front de l'Est, les troupes allemandes devront donc s'accrocher à leurs positions et former des « hérissons » autour des localités occupées, afin d'enrayer les contre-offensives soviétiques au cours de l'hiver ; pour Hitler, en effet, tout ordre de repli donnerait le signal d'une débandade générale, tant il garde en mémoire l'exemple malheureux de Napoléon... Malgré tout, il y a deux autres branches des forces armées auxquelles, faute de temps et de connaissances spécialisées, le dirigeant suprême doit laisser quelque autonomie : la Kriegsmarine et la Luftwaffe.

La marine de guerre allemande est entièrement absorbée par la bataille de l'Atlantique, qui lui permet certes de désorganiser la navigation alliée, mais à un coût prohibitif. Quant à la Luftwaffe, elle a perdu durant les six premiers mois de campagne à l'Est près de 2 000 avions, détruits par l'ennemi, le gel, la boue et l'usure excessive des moteurs. Or, si la stratégie d'Hitler interdisant tout recul permet à présent d'éviter une déroute majeure, elle fait également peser sur la Luftwaffe un poids très excessif, ainsi qu'en témoignera le général von Tippelskirch, commandant une division du 2ᵉ corps d'armées au sud de Leningrad : « On avait utilisé la Luftwaffe pour ravitailler les garnisons des "hérissons" et les positions avancées, isolées par les mouvements des Russes sur nos flancs. Le 2ᵉ corps absorbait 200 tonnes par jour, ce qui nécessitait une moyenne quotidienne de 100 avions de transport. [...] Les mauvaises conditions atmosphériques ont provoqué la perte de nombreux avions. » Et ce n'est là qu'un secteur du front ; ainsi, pour ravitailler 6 divisions cernées près de Demiansk, il faut improviser un pont aérien de quatre mois, au cours duquel 14 000 missions déposent 24 000 tonnes de vivres…

En fait, le soutien aérien de tous les secteurs isolés et la protection rapprochée des troupes sur l'ensemble du front engendrent une usure de la Luftwaffe qui va se révéler catastrophique : au printemps de 1942, elle a encore perdu le tiers de sa flotte de transport, ainsi que 268 bombardiers et 194 chasseurs supplémentaires. « La Luftwaffe, dira le général Rieckhoff, était un instrument affilé, une véritable lame de rasoir. À l'utiliser comme un couteau à pain, on devait l'ébrécher rapidement et la rendre inutilisable. » C'est le cas de l'ensemble de la Wehrmacht, mais rien n'indique que le Führer en ait pris conscience.

LE TOURNANT DU DESTIN

11

L'échec de Moscou une fois oublié, Hitler est résolument optimiste. C'est qu'en quatre mois, les Soviétiques, ayant attaqué partout, n'ont pu percer nulle part. Le Führer considère donc que sa décision d'interdire tout recul était la bonne, et il se vante à tout propos d'avoir « évité une débâcle napoléonienne[1] » ; le fait qu'il ait pratiquement ruiné son aviation de transport et considérablement affaibli son armée pour tenir le front lui semble apparemment secondaire. Et puis, partout ailleurs ce printemps-là, le conflit semble tourner en faveur de l'Axe : à Malte, en Libye, en Malaisie, en Birmanie, dans l'Atlantique nord comme dans le Pacifique sud, les Britanniques et leurs alliés sont sur la défensive ou en pleine retraite. Avec Rommel aux portes de l'Égypte[2] et les Japonais aux confins de l'Inde, les plus grands espoirs sont permis. Dès le 6 avril 1942, le Führer a fixé son plan d'attaque pour l'été : il veut cette fois partir de Koursk et de Kharkov, frapper à l'est en direction de Voronej, puis attaquer au sud et au sud-est pour détruire les armées soviétiques concentrées entre le Don et le Donetz. Il constituera ainsi une vaste ligne de défense allant de Rostov à Voronej en passant par Stalingrad, avant d'occuper le Caucase, avec ses champs pétrolifères.

Ce plan *Blau* prévoit pourtant de nouvelles diversions, avec une occupation de la Crimée au sud et une poursuite de l'attaque contre Leningrad au nord (opération *Nordlicht*). Par ailleurs, après la perte d'un million d'hommes depuis juin 1941, les effectifs sont insuffisants pour saisir et tenir les immenses territoires s'étendant de la mer d'Azov à la mer Caspienne et de la Volga à la frontière turque. Et puis, il n'y a sur le front Sud que 1 300 chars, pour lesquels le carburant est chichement compté ; une bonne partie de l'infanterie progresse encore à pied, et l'artillerie reste essentiellement hippomobile. Enfin, la *Luftflotte IV* ne comprend que 1 030 avions de tous types ; c'est plus que n'en comptent les groupes d'armées Centre et Nord, mais bien moins qu'il n'en faudrait pour soutenir une aussi vaste offensive[3].

1. Toutefois, il a compris à ce stade que l'occupation de l'URSS ne serait pas une formalité, et il a renoncé au projet de déporter les Juifs vers l'Oural et la Sibérie. C'est donc en Pologne que sera mise en œuvre à partir du printemps de 1942 la terrible « solution finale ».

2. Après la prise de Tobrouk en juin 1942.

3. D'autant qu'une fois parvenu à Bakou, il faudra couvrir un front de 6 200 kilomètres entre le Caucase et la Laponie.

Offensive d'été de la Wehrmacht, 1942.

Malgré tout, entre mai et juillet 1942, les victoires vont se succéder à un rythme impressionnant : à la mi-mai, un début de contre-offensive du maréchal Timochenko au sud de Kharkov est pris en tenaille entre la 1re armée blindée de von Kleist et la 6e armée de Paulus, qui détruisent 27 divisions soviétiques et font 240 000 prisonniers ; en Crimée, la

11ᵉ armée du général von Manstein occupe la presqu'île de Kertch et enlève la forteresse de Sébastopol au début de juillet, capturant un imposant matériel et faisant 260 000 prisonniers. Au même moment, sur le Don, la 2ᵉ armée et la 4ᵉ armée blindée s'emparent de Voronej, tandis que la 17ᵉ armée et la 1ʳᵉ armée blindée foncent au sud vers Rostov, en rencontrant une très faible opposition. Enfin, la 6ᵉ armée longe le Don en direction du sud-est, avec Stalingrad pour objectif ; là encore, la résistance de l'ennemi est dérisoire : les Soviétiques se sont retirés vers l'est pour échapper à l'encerclement. Pour Hitler, il est évident que l'Armée rouge est en train de s'écrouler…

Désordre

Le Führer a déplacé son QG vers Vinnitsa, en Ukraine. Depuis un camp de baraques en rondins parfaitement camouflé dans la forêt, il dirige la campagne jusque dans ses moindres détails, et il va infléchir une nouvelle fois sa stratégie : le 23 juillet, il ordonne que les attaques en direction de la Volga et du Caucase s'effectuent *simultanément*. Cela revient à diviser ses forces pour les faire combattre sur deux fronts opposés – et séparés par plus de 700 kilomètres de steppes, de forêts et de montagnes ! Pourtant, la Wehrmacht peut encore faire des prodiges : le groupe d'armées A du maréchal List s'enfonce dans la plaine du Nord-Caucase et traverse le Kouban en direction de Maïkop, tandis que le groupe d'armées B du général von Weichs lance vers l'est la 6ᵉ armée du général Paulus ; avançant à marches forcées entre le Don et la Tschir, elle encercle et détruit deux armées soviétiques devant Kalatch, à seulement 70 kilomètres de Stalingrad.

Le 19 août, Hitler confie à Goebbels que le grand assaut contre Stalingrad va commencer et que la ville sera capturée en huit jours, après quoi elle sera « entièrement rasée ». Il ajoute qu'il compte s'emparer de tous les champs pétrolifères du Caucase pendant l'été, assurer définitivement ses approvisionnements pétroliers et interrompre ceux de l'URSS, puis « faire irruption au Proche-Orient, occuper l'Asie Mineure, envahir l'Irak, l'Iran et la Palestine, et priver les Britanniques de leur ravitaille-

QG de campagne d'Hitler à Vinnitsa, en Ukraine.

Depuis Vinnitsa, Hitler dirige la campagne dans ses moindres détails.

ment en pétrole ». À l'évidence, le Führer n'est toujours pas troublé par des considérations de temps, de distance et de moyens matériels.

Mais à mesure que la 6ᵉ armée progresse en direction de Stalingrad, ses lignes de communication démesurément étirées sont protégées par des divisions hongroises et italiennes peu aguerries et mal équipées. Par ailleurs, la 4ᵉ armée blindée du général Hoth, qui devait appuyer la 6ᵉ armée avec ses chars, a été détournée vers le couloir du Donetz au début de juillet sur ordre personnel d'Hitler ; il s'agissait d'accompagner le mouvement vers Rostov de la 1ʳᵉ armée blindée de Kleist – qui n'avait nul besoin de ce renfort. C'est seulement à la fin de juillet que la 4ᵉ armée blindée reçoit l'ordre de remonter vers le nord-est pour aller investir Stalingrad par le sud – un détour considérable de 350 kilomètres, qui va user le matériel à l'extrême, permettre à l'Armée rouge de se regrouper devant la Volga, et ralentir considérablement la progression de la 6ᵉ armée. Dès le 15 août, en effet, celle-ci se heurte à une résistance croissante au nord-ouest de Stalingrad.

Les brusques revirements stratégiques d'Hitler affectent également le groupe d'armées A au Caucase. Ainsi, la 11ᵉ armée du maréchal von Manstein, ayant conquis la Crimée, devait passer le détroit de Kertch, s'emparer du Kouban et occuper le rivage nord-est de la mer Noire ; mais sur ordre du Führer, ses blindés, son artillerie et son commandant en chef lui sont retirés au début d'août, pour être envoyés sur le front de Leningrad, à 2 000 kilomètres plus au nord ! Privées de cet appui, les armées du groupe A parviennent néanmoins à occuper Stavropol, Armavir et Maïkop entre le 5 et le 9 août. Mais de désagréables surprises les y attendent : les Soviétiques ont coulé du ciment dans les puits de pétrole et incendié les raffineries de Maïkop ; d'autre part, les ordres reçus par le groupe d'armées A prévoient une nouvelle dispersion des effectifs, visant à poursuivre trois objectifs à la fois : occuper toute la côte orientale de la mer Noire entre Touapsé et Batoum, franchir les monts du Caucase pour occuper Tbilissi au centre et Grozny à l'est, puis investir Bakou sur les rives de la Caspienne ; en d'autres termes, une avancée en trident de 500 kilomètres au sud-ouest et de 850 kilomètres au sud-est à vol d'oiseau ; les vivres, les munitions, les pièces de rechange et le carburant nécessaires à 25 divisions devront être acheminés par rail jusqu'à Rostov, gagner ensuite Stavropol ou Elista, traverser les steppes à dos de chameau et franchir les cols à dos de mulet, pour atteindre enfin les hauteurs de Piatigorsk et de Mozdok ! C'est de là que doit partir l'offensive vers Grozny et Bakou. Seulement, la résistance soviétique le long de la côte et derrière le Terek s'étant considérablement durcie, il faudrait au groupe d'armées A un appui aérien massif ; or, en cette fin du mois d'août, l'aviation a été détournée vers le nord – plus précisément vers la boucle de la Volga…

Stalingrad

C'est en effet le 19 août 1942 qu'a commencé l'attaque de Stalingrad. Ayant ouvert une brèche dans le périmètre défensif soviétique au niveau des faubourgs nord de la ville, un corps blindé atteint le 23 août les rives de la Volga ; l'objectif consiste à repousser l'ennemi vers l'est, au-delà du fleuve, mais la résistance est opiniâtre, l'offensive s'enlise, et Paulus va solliciter l'aide de la Luftwaffe. L'assaut aérien qui débute dans la nuit du 24 août n'a rien de tactique ; il s'agit de faire subir à Stalingrad le sort de Varsovie, de Rotterdam et de Belgrade. Par le nombre d'appareils engagés et le tonnage d'explosifs déversés, c'est le bombardement le plus massif depuis le début de *Barbarossa*. Après trois jours de raids aériens, les logements en bois des faubourgs ont entièrement brûlé, les immeubles du centre-ville sont un champ de ruines, et les grandes usines d'armement sur les rives de la Volga n'abritent plus que des amas de ferraille tordue. Mais le fantassin soviétique s'accroche toujours au terrain, et une ville en ruine est bien plus difficile à conquérir qu'une ville intacte ; l'infanterie allemande n'est pas entraînée au combat de rues, et les tanks s'usent en pure perte au milieu des gravats. Hitler devrait le comprendre, lui qui disait un an plus tôt que « le fait d'éparpiller des tanks dans les villes constitue un péché contre l'esprit ». Mais le Führer a l'habitude d'oublier ses résolutions, et Stalingrad est devenue son obsession : la ville porte le nom de Staline, et elle est stratégiquement située sur la Volga, entre Saratov et Astrakhan. Hitler pousse donc la Wehrmacht à multiplier les assauts et ordonne de « nettoyer complètement la rive droite de la Volga ».

Le QG de Vinnitsa est très chaud le jour, très froid la nuit, humide et infesté de moustiques en permanence – toutes choses propres à affecter le tempérament d'un Führer qui est sujet à de fréquents accès de rage et enclin à prendre des mesures radicales : le 24 août, le général Halder, qui recommandait un retrait limité de la 9ᵉ armée dans la région de Rjev, est pris à partie devant tout l'état-major ; au début de septembre, le maréchal List, jugé coupable de n'avoir pas poussé avec assez d'énergie les attaques contre Grozny et Touapsé, est limogé et remplacé à la tête du groupe d'armées A par... Hitler lui-même ! Un cas véritablement unique, et qui frise la caricature : le Führer est désormais commandant de l'ensemble des forces armées, commandant de l'armée de terre, et commandant d'un groupe d'armées au sein de cette armée de terre ! Il remplit donc simultanément les fonctions de trois hommes, sans en avoir le temps ni les capacités. Et le 24 septembre, c'est le chef d'état-major Halder qui est destitué à son tour, pour être remplacé par un homme encore plus docile, le général Zeitzler.

Dans Stalingrad, soldat allemand armé d'une mitraillette soviétique PPSH.

Le 13 septembre, Paulus déclenche l'offensive « finale » pour éliminer toute résistance soviétique sur la rive ouest de Stalingrad ; il engage 11 divisions, dont trois blindées, appuyées par la *Luftflotte IV* du général von Richthofen. En face, adossées à la Volga, il n'y a que 7 divisions d'infanterie incomplètes et 2 brigades de chars très éprouvées. L'issue ne paraît donc pas faire de doute, mais Paulus adopte une tactique de rouleau-compresseur lente et coûteuse pour réduire chaque quartier ; par ailleurs, l'ennemi s'accroche au centre-ville, mine tous les accès à la Volga, transforme chaque ruine en fortin et concentre une puissante artillerie sur les berges du fleuve ; enfin, la 6ᵉ armée est mal desservie par la Luftwaffe, qui s'obstine à bombarder les ruines pour assister l'infanterie, au lieu de s'en prendre aux canons massés sur les deux rives de la Volga.

Dès lors, le combat menace de s'enliser : à la mi-octobre 1942, la Wehrmacht occupe les trois quarts de Stalingrad et cerne les défenseurs le long d'une étroite bande de terre jouxtant la Volga, mais elle ne

La ville doit être conquise immeuble par immeuble.

peut les déloger des ruines de trois grandes usines d'armement et d'un silo à grain, face au feu nourri de l'artillerie et au harcèlement constant des tireurs d'élite. Entre-temps, de nombreux mouvements de troupes sont signalés dans la région de Serafimovitch, à 160 kilomètres au nord-ouest de Stalingrad ; l'État-major s'inquiète de la vulnérabilité de l'aile nord du groupe d'armées B, défendue par des troupes hongroises, italiennes et roumaines toujours aussi mal équipées ; le général Zeitzler implore le Führer d'interrompre les combats de rues à Stalingrad pour protéger les arrières du groupe d'armées A en difficulté dans le

Le harcèlement constant des tireurs d'élite...

Caucase, tandis que les avions de reconnaissance rapportent des clichés de milliers d'appareils massés sur les aéroports soviétiques très en arrière de la ligne de front. Mais le chef des services de renseignements de la Luftwaffe, sachant qu'Hitler rejette les renseignements défavorables, s'empresse d'en minimiser l'importance.

Contre-offensives

En Méditerranée, pendant ce temps, Gênes a été sévèrement bombardée par la RAF, Malte résiste à tous les assauts, tandis qu'à l'ouest

Char de l'Afrika Korps abandonné faute de carburant.

d'El-Alamein, Rommel se trouve en grande difficulté devant les lignes de défense britanniques : depuis le 23 octobre, l'*Afrika Korps* a été durement accroché par la 8ᵉ armée du général Montgomery ; le combat est resté incertain, mais le 2 novembre, une percée des troupes néo-zélandaises et de 2 brigades blindées au centre du front contraint Rommel à opérer une retraite précipitée et fortement compliquée par la pénurie d'essence. Le 7 novembre, ses troupes ont déjà gagné Mersa Matrouh, en abandonnant 30 000 prisonniers, 350 tanks et 400 canons. Mais le lendemain, une nouvelle plus désastreuse encore parvient à Munich, où séjourne le

Contre-offensive britannique d'El-Alamein.

Führer : les Anglo-Américains viennent de débarquer en Algérie et au Maroc. La première stupeur passée, Hitler conjure Rommel de s'accrocher au terrain à tout prix, et il ordonne d'établir immédiatement une tête de pont en Tunisie pour bloquer l'avance des Américains venus d'Algérie. En même temps, il fait préparer l'invasion de la zone libre, qui sera exécutée le 11 novembre.

Au milieu de toutes ces alarmes, la Russie est passée au second plan à tel point que la *Luftflotte IV* a reçu l'ordre d'envoyer quatre de ses escadrilles de chasseurs en Méditerranée. Le réveil sera donc difficile : au matin du 19 novembre, 3 corps blindés soviétiques percent les lignes de la 3e armée roumaine entre Serafimovitch et Kletskaïa, au nord-ouest de Stalingrad, pour converger sur Kalatch, au centre du dispositif allemand ; dès le lendemain, 2 autres corps blindés soviétiques enfoncent les positions de la 4e armée roumaine au sud-est de Stalingrad, puis remontent vers le nord-ouest, également en direction de Kalatch. C'est bien une manœuvre d'encerclement qui se dessine sur les deux flancs de la 6e armée ; mais l'effet de surprise, l'ampleur de l'offensive, son déclenchement très à l'ouest de Stalingrad, le temps exécrable, la multiplication des attaques de diversion et la mauvaise coordination entre Allemands et Roumains provoquent à l'état-major du général Paulus une confusion certaine, qui se reflète dans les premiers rapports envoyés au quartier général du Führer.

La nouvelle de l'offensive soviétique trouve le haut commandement allemand très largement dispersé : l'OKH est en Prusse orientale, de même que l'état-major de la Luftwaffe, mais Goering est à Berlin, l'OKW à Salzbourg et Hitler à Berchtesgaden... Le ministre de l'Armement Albert Speer, qui séjourne au Berghof en compagnie du Führer, racontera la suite : « Hitler a commencé par expliquer et minimiser le désastre en dénigrant les qualités martiales de ses alliés. Mais peu après, les troupes soviétiques ont commencé à écraser également les divisions allemandes. Le front commençait à s'écrouler. Hitler faisait les cent pas dans le grand hall du Berghof : "Voilà que nos généraux refont leurs vieilles erreurs. Ils surestiment toujours la force des Russes. [...] Les effectifs ennemis ne sont plus suffisants. Ils sont affaiblis ; ils ont été saignés à blanc. Et puis, l'entraînement des officiers russes est exécrable ! Des officiers pareils ne peuvent organiser une offensive. […] À court ou à long terme, les Russes seront obligés de s'arrêter ; ils s'épuiseront." Au milieu de l'atmosphère paisible du Berghof, il ne saisissait pas ce qui était en train de se produire. »

Il commence à le faire dans l'après-midi du 22 novembre, lorsque lui parvient la nouvelle de la jonction près de Kalatch des armées soviétiques du nord-ouest et du sud-est ; l'ensemble de la 6e armée a donc été repoussé vers les ruines de Stalingrad, où 22 divisions et 270 000 hommes se trouvent désormais encerclés. Hitler, lui, s'obstine à envoyer des instructions tactiques aussitôt dépassées par les événements ; au soir du 22 novembre, il reprend le train pour Rastenburg, et le voyage va durer vingt heures. « Toutes les trois ou quatre heures, notera von Below, nous

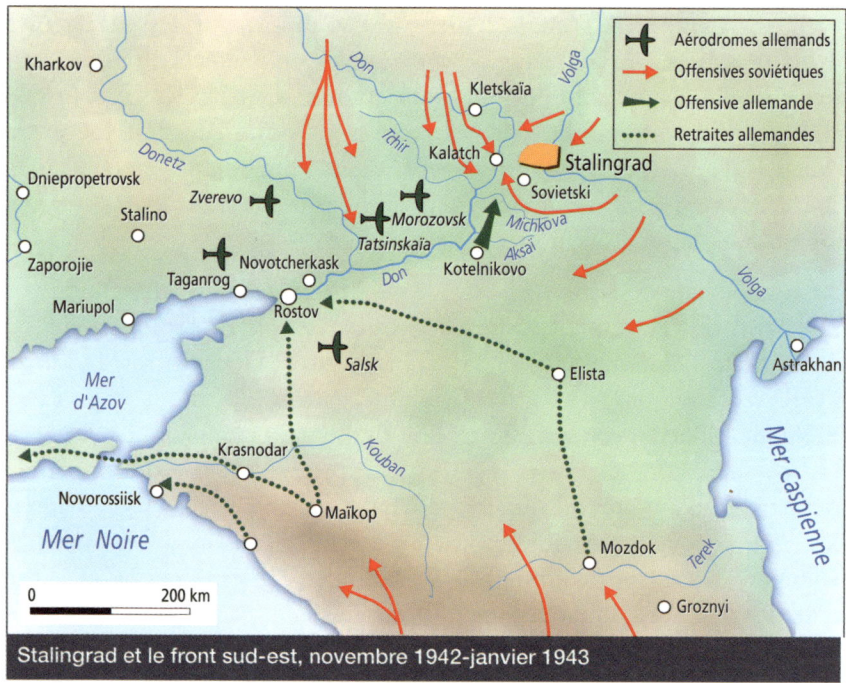

Stalingrad et le front sud-est, novembre 1942-janvier 1943

faisions une longue halte pour que le Führer puisse entrer en communication téléphonique avec Zeitzler. Celui-ci demandait instamment la permission d'extraire la 6ᵉ armée avant que la nasse ne se referme. Mais Hitler refusait que l'on fasse un seul pas en arrière. » C'est que le « succès » de l'hiver précédent a nettement renforcé ses préjugés à cet égard ; dès le 21 novembre, il a donc câblé au général Paulus : « La 6ᵉ armée doit tenir, malgré le danger d'un encerclement temporaire » ; il ordonne également au maréchal von Manstein de prendre le commandement d'une nouvelle « armée du Don ». Mais tout cela prendra au moins dix jours, et pour que Paulus résiste le temps nécessaire, il doit être ravitaillé en carburant, en vivres et en munitions. Ses lignes d'approvisionnement terrestres étant coupées, il ne reste que la possibilité d'un pont aérien... Hitler se tourne donc vers la Luftwaffe.

État de siège

C'est entre le 22 et le 23 novembre que le Führer consulte le maréchal Goering, qui promet de se charger de tout ; mais il n'a pas calculé ce que représente le ravitaillement quotidien, par une aviation très

Poste de mitrailleuse soviétique Maxim au nord de Stalingrad.

diminuée, de 22 divisions prises au piège à 1 000 kilomètres de leurs bases de départ, au milieu de l'hiver et pour une période de temps indéterminée ; il a seulement donné la réponse qu'Hitler attendait de lui. C'est donc sur la base d'assurances bien fragiles que le Führer câble au général Paulus de tenir bon dans la « forteresse de Stalingrad », car il sera « approvisionné par voie aérienne jusqu'à l'arrivée des secours ». Mais dans l'intervalle, Hitler est parvenu à Rastenburg, d'où il a pu se faire une idée plus précise de la situation : « La carte stratégique, dira Speer, montrait toute la région comprise entre Voronej et Stalingrad

Albert Speer.

couverte de flèches rouges sur un front large de 210 kilomètres. Elles représentaient la progression des troupes soviétiques. Au milieu de toutes ces flèches, il y avait de petits cercles bleus, des poches de résistance formées des débris de divisions allemandes et alliées. Stalingrad était déjà cernée de cercles rouges. »

Goering s'est engagé à fournir 500 tonnes de provisions par jour à Stalingrad, mais Gerhard Engel note : « Nous sommes effarés par son optimisme, qui n'est pas partagé par d'autres officiers de la Luftwaffe. » C'est exact : le général von Richthofen, lui, a fait savoir que les conditions météorologiques à elles seules excluaient un tel ravitaillement, et l'état-major de l'OKW a calculé qu'il faudrait environ 500 avions de transport. Or, la *Luftflotte IV* n'en a que 298, qui ne sont pas tous opérationnels et doivent en outre décoller des aérodromes de Morozovsk et Tatzinskaïa, respectivement à 180 et 220 kilomètres de Stalingrad. En fait, après la saignée de l'opération *Merkur* en Crète et les pertes de l'hiver en Russie, la Luftwaffe ne dispose plus que de 730 avions de transport *au total*, dont la plus grande partie est mobilisée au même moment pour ravitailler l'armée germano-italienne de Rommel en Libye et acheminer des troupes en urgence vers la Tunisie.

Mais lorsqu'il a une idée fixe, Hitler ne s'arrête pas à ces détails : « Le Führer, note le commandant Engel, est enchanté de l'intervention du *Reichsmarschall* et déclare qu'il réussira comme au bon vieux temps ; il n'a pas la pusillanimité de beaucoup de ces messieurs de l'armée. » Il n'en a pas non plus l'expérience, mais là n'est pas la question ; le Führer sait parfaitement depuis Dunkerque ce que valent les promesses de Goering, mais il s'agit de faire accepter aux militaires la décision de s'accrocher à Stalingrad, qu'il avait déjà arrêtée « instinctivement » trois jours plus tôt.

À partir du 28 novembre, l'étau soviétique se resserre autour de la ville, rendant toute sortie de ses occupants très improbable et toute résistance prolongée bien incertaine. La Luftwaffe a mobilisé non seulement les 320 Ju 52 et Ju 56 de Tatzinskaïa, mais aussi les deux escadres de He 111 stationnées à Morozovsk. Un tiers seulement de ces appareils est opérationnel, la neige et le gel entravent les décollages, et la couverture de nuages sur Stalingrad interdit fréquemment les atterrissages. C'est donc entre un cinquième et un huitième de l'approvisionnement nécessaire qui parvient quotidiennement à la ville assiégée…

Les conditions climatiques rendent l'approvisionnement difficile.

Le 27 novembre, le maréchal von Manstein est parvenu à Novot-cherkassk, près de Rostov, où il a établi le QG de la nouvelle « armée du Don ». Ayant pris la mesure de la situation, il estime possible d'ouvrir un corridor jusqu'à la ville, afin d'y acheminer les munitions et le carburant nécessaires à la 6ᵉ armée pour se frayer un chemin vers le sud-ouest ; mais rompre même localement l'encerclement soviétique exigera des forces très supérieures à celles dont il dispose. C'est ce que von Manstein expose à Hitler dans un rapport du 28 novembre, qu'il conclut en sollicitant des instructions rapides et des renforts immédiats. Mais il se passera un temps prolongé avant qu'il ne reçoive les unes comme les autres...

C'est qu'au quartier général du Führer, la Méditerranée a de nouveau fait passer la Russie au second plan. Depuis le 26 novembre 1942, on se préoccupe surtout à Rastenburg de mettre la main sur la flotte française de Toulon, de tenir tête aux forces américaines qui ont atteint Bizerte et Gafsa en Tunisie, et surtout de soutenir en Libye l'*Afrika Korps*, qui recule toujours devant la 8ᵉ armée britannique. Le maréchal Rommel se présente au quartier général d'Hitler le 28 novembre et sollicite l'autorisation d'abandonner ses positions devant El-Agheila, afin d'en établir de plus solides devant Gabès, en Tunisie[1]. Mais que ce soit en Russie ou en Afrique, Hitler ne veut pas entendre parler de retraite, car ce serait « une perte de prestige ». Il faut donc, dit-il, s'accrocher coûte que coûte et faire pression sur les Italiens pour qu'ils acheminent des renforts par mer. Rommel en déduit qu'il ne peut espérer aucune aide sérieuse en Libye, le Führer ayant visiblement d'autres préoccupations.

C'est que dans le secteur de Stalingrad, les choses ont pris un tour dramatique : « Au quartier général du Führer, se souviendra Speer, Zeitzler faisait désormais un rapport quotidien sur les tonnes de rations et de munitions que la 6ᵉ armée recevait par la voie des airs. Elles se montaient à une fraction seulement des quantités promises. » C'est un fait, et la pénurie de vivres ajoutée au froid intense réduit dramatiquement la résistance des assiégés.

---

1. Sur la ligne Mareth, construite par les Français et considérée comme imprenable.

Portion congrue.

Pendant ce temps, au sud de Stalingrad, le maréchal von Manstein a enfin obtenu du Führer la permission de passer à l'offensive pour dégager la 6ᵉ armée ; il a également reçu de maigres renforts, de sorte qu'il dispose à présent de deux divisions de la 4ᵉ armée blindée et des restes de la 4ᵉ armée roumaine, ainsi que du 48ᵉ corps blindé dit « groupe Hollidt ». Le plan de von Manstein est de lancer la 4ᵉ armée blindée sur Stalingrad à partir de Kotelnikovo, en passant par la rivière Aksaï, tandis que le 48ᵉ corps restera sur la défensive plus à l'ouest, derrière la Tchir. Mais avant même de déclencher l'attaque, von Manstein reçoit un nouvel ordre d'Hitler : la 6ᵉ armée pourra rejoindre l'armée de secours, mais sans raccourcir ses lignes au nord de Stalingrad.

Hitler et van Manstein : deux stratégies divergentes.

Or, son état lui interdisant de tenir tout le secteur nord de la ville et de tenter simultanément une sortie par le sud, l'ordre du Führer équivaut à l'immobiliser... Il existe en fait une divergence de stratégie inavouée mais fondamentale entre von Manstein et Hitler : le premier veut ouvrir la voie à la 6ᵉ armée pour lui permettre d'évacuer Stalingrad au plus vite, tandis que le second veut rétablir la liaison terrestre pour réapprovisionner la 6ᵉ armée et lui permettre de tenir *l'ensemble* de Stalingrad *indéfiniment*.

Avalanche

Malgré tous ces obstacles et de furieuses tempêtes de neige, la 4ᵉ armée blindée entreprend le 12 décembre de franchir les 143 kilomètres qui la séparent de Stalingrad. Sa progression initiale est rapide, mais à partir du 19 décembre, elle se heurte à une vigoureuse contre-attaque. 50 kilomètres la séparent encore de Stalingrad, et la 6ᵉ armée ne tente aucune percée ; le voudrait-elle que ses 70 chars n'auraient d'essence

Opération *Wintergewitter* pour tenter de secourir Stalingrad.

que pour parcourir 30 km. Le dilemme est bientôt résolu plus à l'ouest par une initiative fulgurante de l'Armée rouge : trois jours plus tôt, elle a déclenché l'opération *Petite Saturne*, qui va enfoncer les positions de la 8ᵉ armée italienne sur le cours supérieur du Don ; cette fois encore, les Soviétiques ont frappé en force au point le plus faible du dispositif ennemi. La déroute des Italiens contraint le groupe Hollidt à une retraite précipitée, et dès lors, la 4ᵉ armée blindée, repoussée au nord, sans protection à l'ouest et menacée à l'est par la 28ᵉ armée soviétique, est obligée de faire demi-tour ; le sort de Stalingrad est scellé.

Comme toujours en pareil cas, Hitler cherche des responsables, et le ministre des Affaires étrangères italien Ciano, en visite ce jour-là à Rastenburg, constitue un bouc émissaire tout trouvé : « Hitler, se souviendra l'interprète Paul Schmidt, a reproché à Ciano la conduite des troupes italiennes sur le front de l'Est, en disant que c'était leur manque de combativité qui avait rendu possible la percée russe près de Stalingrad. » Mais pour l'heure, le ravitaillement de la ville reste dramatiquement insuffisant – surtout depuis que l'aviation soviétique a commencé à bombarder les aérodromes de Tatzinskaïa et Morozovsk. 70 tonnes de ravitaillement parviennent à Stalingrad dans la journée du 19 décembre, 90 pour le 23, 64 seulement pour le 26, et rien pour le 27, du fait des conditions météorologiques. Mais à Rastenburg, on a encore d'autres problèmes : en Libye, la pression britannique s'est tellement accentuée que Mussolini a autorisé de son propre chef un repli des forces de l'Axe sur Gabès ; au Caucase, le groupe d'armées A est menacé d'être coupé de Rostov et pris en tenaille entre les armées soviétiques du sud remontant de Tbilissi et celles du nord-est descendant d'Astrakhan ; en Allemagne même, les bombardements alliés font des ravages, sans que la Luftwaffe parvienne à trouver une parade efficace.

Pendant ce temps, à Stalingrad cernée par 90 divisions soviétiques, les assiégés se terrent dans les ruines sous un intense feu d'artillerie, il ne reste que 150 000 hommes valides, le froid est intense à - 30° et le moral très bas, la dysenterie sévit, de même que le typhus, l'hépatite, la jaunisse et la typhoïde ; l'aéroport de Tatzinskaïa étant tombé aux mains de l'ennemi, les avions de transport décollent désormais de Salsk, à 260 kilomètres de Stalingrad, et ils opèrent à l'extrême limite de leur rayon d'action. Le 10 janvier 1942, enfin, les Soviétiques déclenchent l'opération *Koltso* (Anneau) : 57 divisions, 270 000 hommes et 457 chars partent à l'assaut de la ville, soutenus par 7 000 canons, mortiers et orgues de Staline.

Haute stratégie

Deux jours plus tard, le général Paulus fait sortir de Stalingrad un jeune officier de panzer, le capitaine Winrich Behr, chargé d'exposer au Führer toute la gravité de la situation. Behr est reçu le 13 janvier à Rastenburg, où il fait son rapport en présence de tout l'état-major. Lorsqu'il mentionne les chiffres du ravitaillement aérien de Stalingrad, Hitler l'interrompt en lui citant les missions quotidiennes effectuées

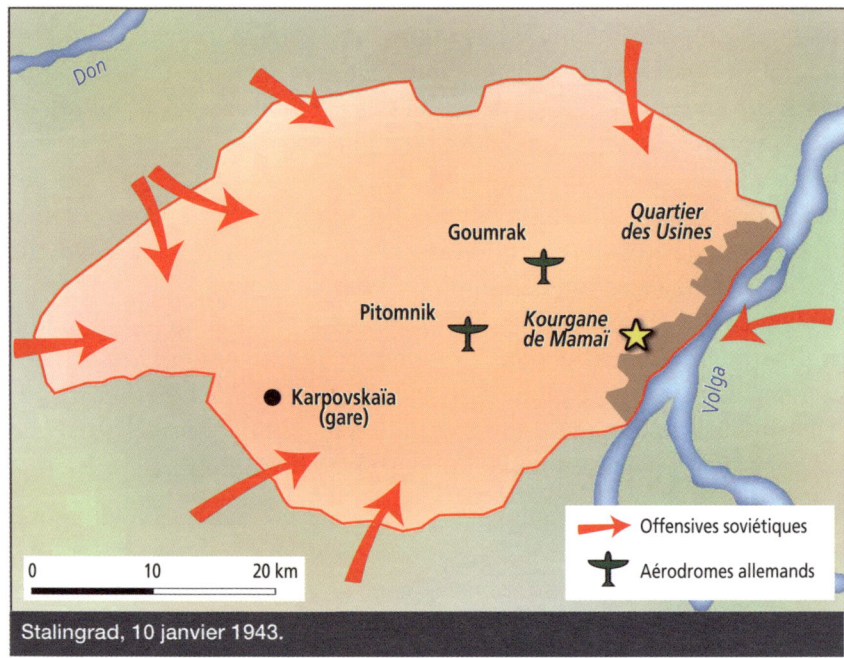

Stalingrad, 10 janvier 1943.

par 600 avions de transport, mais Behr répond sans se démonter que seuls comptent les provisions reçues, qui restent dérisoires. Hitler paraît troublé, mais il se hâte de changer de sujet et révèle à Behr qu'une armée blindée SS se regroupe autour de Kharkov pour lancer une contre-offensive – après quoi il lui présente une grande carte piquée de drapeaux. Mais Behr sait que ces drapeaux représentent pour la plupart des divisions réduites à quelques centaines d'hommes, et il sait aussi par von Manstein que les divisions SS promises ne seront pas opérationnelles avant plusieurs semaines. « Je vis alors, dira-t-il plus tard, qu'Hitler avait perdu le contact avec la réalité. Il vivait dans un monde imaginaire de cartes et de petits drapeaux. »

Rien n'est plus vrai, mais le rapport du capitaine a malgré tout impressionné Hitler, qui charge dès le lendemain le secrétaire d'État Erhard Milch de s'occuper personnellement du ravitaillement de la ville assiégée. Atterrissant le 16 janvier 1943 près de Taganrog, Milch se fait conduire au QG de von Richthofen, où il prend l'exacte mesure des choses : il n'y a pas 600 avions disponibles, mais 140 Ju 52, dont 15 seulement sont opérationnels, 143 He 111, dont 41 sont utilisables, et 20 FW 200 Condor, dont *un seul* est en état de voler !

Milch fera pourtant de son mieux pour améliorer le ravitaillement, et il pourra compter sur la coopération du maréchal

Le secrétaire d'Etat Erhard Milch, ici en uniforme de maréchal, est la véritable cheville ouvrière de la Luftwaffe – son supérieur Hermann Goering n'étant dispnible que pour les parades.

von Manstein ; car si celui-ci a perdu tout espoir de libérer les défenseurs de Stalingrad, il a le plus grand intérêt à ce que leur résistance se prolonge. C'est qu'en fin stratège, le maréchal voit bien au-delà de la bataille acharnée qui se livre dans l'étroit couloir séparant le Don de la Volga : les 120 000 hommes retranchés à Stalingrad retiennent désormais 107 divisions ennemies, au moment où les groupes d'armées Don et A sont en bien mauvaise posture entre Rostov, Mozdok et Maïkop. Sur ce gigantesque front s'étendant du Donets aux contreforts du Caucase, plus d'un million d'hommes sont menacés d'encerclement, pour peu qu'ils tardent à se désengager – et que les armées soviétiques soient libérées par la chute de Stalingrad. Ce serait un désastre sans commune mesure avec la perte des restes de la 6e armée…

Frontoviki de l'Armée rouge sautant d'un char KV1.

Comme le notera le général von Kleist, ce sont les arrières du groupe d'armées A qui sont les plus exposés : « Bien que notre offensive au Caucase eût atteint son point mort en novembre 1942, Hitler a insisté pour que nous conservions cette dangereuse position avancée dans les montagnes. Au début de janvier 1943, un péril plus grave que les contre-attaques russes sur mes avant-postes près de Mozdok a menacé l'arrière de mon flanc, quand les Russes ont lancé une attaque partant d'Elista, dirigée vers l'ouest. Toutefois, la coulée russe qui s'effectuait [...] le long du Don jusqu'à Rostov, à une bonne distance derrière mon arrière-garde, constituait une menace encore plus angoissante. Alors que les Russes ne se trouvaient plus qu'à 70 kilomètres de Rostov et que mes armées étaient à 650 kilomètres à l'est de cette ville, Hitler m'a envoyé l'ordre de ne reculer sous aucun prétexte. Cela équivalait à une condamnation à mort. »

On sait que le Führer est coutumier du fait. Mais von Manstein voit les choses autrement ; tout en ordonnant la retraite vers l'ouest de sa 4ᵉ armée blindée et en barrant à l'Armée rouge la route de Rostov, il assume la tâche délicate de couvrir les arrières du groupe d'armées A. Ne pouvant le faire indéfiniment face à la pression croissante de l'ennemi, il persuade le général Zeitzler d'intervenir auprès du Führer pour qu'il autorise enfin le désengagement et la retraite vers Rostov du groupe d'armées A. Zeitzler, saisissant la gravité de l'enjeu, s'exécute sur-le-champ : « Le 27 décembre, note von Below, Zeitzler a exigé que le front du Caucase soit ramené en arrière. Hitler a accepté, mais s'est rétracté peu de temps après. Mais Zeitzler n'avait pas perdu de temps pour communiquer par téléphone la première décision d'Hitler, et il a fait savoir au Führer que la retraite ne pouvait plus être annulée. » De fait, le général von Kleist recevra l'ordre de se retirer, mais non le contre-ordre. « Cette opération hérissée d'embûches se compliquait encore des rigueurs de l'hiver russe, se souviendra von Kleist. [...] Aidés par von Manstein, nous avons réussi à passer par l'étranglement de Rostov avant que les Russes ne nous coupent la retraite. À un moment donné, von Manstein s'est trouvé dans un tel péril que j'ai dû moi-même lui envoyer quelques divisions pour l'aider à contenir la poussée russe le long du Don, vers

Rostov. La retraite a traversé sa phase la plus critique dans la deuxième quinzaine de janvier. »

L'agonie

Voilà pourquoi il est essentiel de prolonger le plus longtemps possible la résistance de la « forteresse » Stalingrad durant ce mois de janvier 1943. Mais ses défenseurs sont maintenant débordés à l'ouest comme au nord, et contraints de se replier sur une étroite poche adossée à la Volga ; c'est le quartier des grandes usines et de la gare – celui-là même qu'ils avaient mis tant d'acharnement à conquérir pendant plus de trois mois. Lorsque l'ennemi occupe le dernier terrain d'aviation de la ville, l'approvisionnement ne peut plus se faire que par parachutages ; les pilotes, bravant la DCA et la chasse ennemie, font encore des prodiges, mais leurs conteneurs tombent au hasard, et les 100 000 hommes qui se terrent dans les ruines sont le plus souvent hors d'état de les récupérer. Il n'y a plus de médicaments ni d'eau potable, les munitions sont pratiquement épuisées, et lorsque les chars de la 21ᵉ armée soviétique font leur jonction avec la 13ᵉ division de la Garde près du kourgane de Mamaï, la dernière poche de résistance allemande se trouve effectivement coupée en deux – et pilonnée presque à bout portant par 300 canons de campagne ! Au matin du 2 février 1943, les derniers survivants se rendent.

Friedrich Paulus, nommé maréchal *in extremis*, se rend aux Soviétiques avec ses chefs d'état-major.

C'est la pire défaite de l'histoire militaire allemande ; les forces de l'Axe ont perdu 400 000 hommes, morts, blessés ou faits prisonniers ; la Luftwaffe a vu disparaître plus de 500 appareils et près de 1 000 aviateurs. Hitler, que son aide de camp décrit le 1er février 1943 comme « profondément déprimé et cherchant partout des fautes et des négligences », a naturellement besoin de boucs émissaires, et les premiers éclats résonnent dans le sombre bunker de Rastenburg : Paulus est naturellement pris à parti pour avoir accepté de se rendre, et Goering pour n'avoir pas tenu ses promesses. « Les gens de la Luftwaffe ont encore échoué... Mieux vaut poursuivre la guerre sans eux. Je n'ai que faire de ces lâches... Terminé ! Il faudrait les fusiller ! » Ainsi, rien ne change : Hitler est incapable d'apprendre de ses erreurs.

Le drapeau rouge flotte sur Stalingrad.

DÉFENSIVE 12

Ingérences

Le peuple allemand, anesthésié par dix années de propagande triomphale, est accablé par la nouvelle du désastre de Stalingrad. Mais bien avant la fin lamentable de la 6ᵉ armée, Hitler est intervenu dans la stratégie navale, à l'occasion d'un incident mince au départ : en décembre 1942, un grand convoi allié à destination de Mourmansk a été intercepté par le groupe naval de l'amiral Kummetz, comprenant 2 croiseurs, 4 destroyers et 6 sous-marins. Un bref engagement mené dans le crépuscule polaire ayant provoqué des pertes légères de part et d'autre[1], le commandant allemand, soucieux de ne pas exposer ses grands navires, a préféré rompre le combat. En rentrant vers sa base norvégienne, l'amiral Kummetz a observé le silence radio pour ne pas dévoiler sa position. Mais Hitler, qui attendait la nouvelle de la destruction du convoi allié, a déjà perdu patience ; lorsque les écoutes de la BBC lui apprennent que l'attaque a été repoussée et que le convoi allié n'a subi aucune perte, le Führer entre dans une rage folle, qui retombe sur l'amiral Raeder : « Convaincu que nous avions délibérément omis de le renseigner, se souviendra Raeder, il fut pris d'une colère sans bornes et réclama le désarmement de tous les grands navires de combat. [...] Il se mit à attaquer la marine avec haine et passion. Il remonta jusqu'à sa fondation en 1864, et s'exprima de façon peu élogieuse sur son histoire, les sous-marins exceptés. [...] Si les Alliés envahissaient la Norvège, notre aviation serait beaucoup mieux employée à attaquer la flotte d'invasion qu'à défendre la nôtre[2]. Les grands navires n'avaient plus aucun rôle à jouer, on devait donc les désarmer et débarquer leurs canons, dont on avait le plus grand besoin à terre. Manifestement, il cherchait, en rabaissant cette marine, à m'atteindre personnellement. » Raeder en tire les conclusions et présente sa démission le 30 janvier 1943. Son successeur, l'amiral Dœnitz, réussit à faire reporter l'ordre insensé de détruire les grands navires ;

1. Deux destroyers anglais très endommagés, un destroyer allemand coulé, mais surtout l'*Admiral Hipper* atteint par un obus au niveau d'une des chaudières, ce qui réduisait substantiellement sa vitesse.

2. Depuis 1941, Hitler est persuadé que les Britanniques vont débarquer en Norvège – une obsession fortement encouragée par les services de désinformation alliés.

mais ceux-ci resteront désormais tapis dans les fjords norvégiens, où ils ne seront d'aucune utilité.

Échaudé par la défaite de Stalingrad, Hitler a limité pour un temps ses interventions dans les opérations de Russie, et confié au maréchal von Manstein le commandement de l'ensemble des forces du front Sud. Il n'était que temps, car l'Armée rouge, désormais libérée par la chute de Stalingrad, a lancé une offensive en direction de Kharkov et de Rostov – un immense mouvement en éventail destiné à encercler toute l'armée allemande entre le Dniepr et le Donetz. Sa supériorité numérique sur les groupes d'armées A, B et Don est de huit contre un, et dès la mi-février 1943, elle s'est déjà emparée de Bielgorod, Koursk et Kharkov. Mais von Manstein parvient à faire remonter vers le nord-ouest les 1re et 4e armées blindées, à constituer une ligne de défense sur le Mius et à contre-attaquer l'ennemi trop dispersé sur 350 kilomètres de front. Sa brillante manœuvre lui permet de reprendre Kharkov et Bielgorod à la fin de mars, avant que la *raspoutitsa* – le dégel – ne mette fin aux opérations. Hitler, parti « superviser » de loin les opérations, revient triomphant à Rastenburg, où il annonce à son chef de presse Otto Dietrich : « C'est moi qui ai reconquis Kharkov ! »

En dehors de l'absurdité manifeste du propos, Hitler néglige trois éléments essentiels : d'une part, après neuf mois d'offensives, des pertes considérables et un désastre majeur, la Wehrmacht est revenue à son point de départ du mois de juillet 1942 ; d'autre part, le rapport de forces est devenu très favorable à l'Armée rouge, qui compte désormais 5,8 millions d'hommes, répartis en 500 divisions et soutenus par 6 000 tanks et 23 700 canons, tandis que la Wehrmacht n'a plus à lui opposer que 2,7 millions d'hommes groupés en 152 divisions[1], avec seulement 6 470 canons et 1 427 chars très éprouvés ; enfin, l'aviation allemande s'est pratiquement brisée en Russie au cours des vingt derniers mois : pour couvrir les trois fronts du Nord, du Centre et du Sud, il ne lui reste plus que 370 chasseurs et 485 bombardiers opérationnels ; les Soviétiques en ont déjà cinq fois plus…

1. En tenant compte du fait qu'une division allemande comporte presque deux fois plus d'effectifs qu'une division soviétique.

Timbres émis en 1942 par le commissariat du Reich pour l'Ukraine et l'*Ostland* (pays baltes et Biélorussie). La cruauté et la stupidité des deux commissaires administrant ces régions explique pour une large part l'essor du mouvement des partisans en Ukraine comme en Biélorussie.

Hitler intervient également de façon intempestive dans la stratégie de la Luftwaffe ; il y nomme des officiers sans consulter le *Reichsmarschall* ou le secrétaire d'État Milch, envoie de sa propre autorité von Richthofen commander la *Luftflotte II* en Italie, fait déplacer des escadrilles vers la Grèce sans consulter Goering, ordonne à la Luftwaffe de livrer des quantités de chasseurs Me 109 aux Italiens « pour des raisons politiques », et fixe arbitrairement les priorités de l'industrie aéronautique. Ainsi, au lendemain de Stalingrad, il dit à Milch : « Je veux des avions de transport, des avions de transport, et encore des avions de transport ! » Mais après l'évacuation du Caucase, il veut également que l'on donne la priorité aux hydravions, et à chaque nouveau bombardement de l'Allemagne, il exige un renforcement de la DCA et une priorité absolue à la production de bombardiers capables d'atteindre les îles Britanniques ; c'est que le Führer reste fermement partisan de la politique de *Vergeltung* – représailles –, dans la conviction que des bombardements suffisamment violents des îles Britanniques contraindront les Alliés à cesser leurs raids sur le Reich. Dès le 5 mars 1943, Milch tente de lui expliquer que l'offensive aérienne alliée ne pourra être contrée que par des chasseurs en grand nombre. Peine perdue...

Du moins le Führer se félicite-t-il d'avoir fait occuper en force la Tunisie : l'avance alliée depuis la Libye et l'Algérie s'en est trouvée ralentie, et les tankistes américains ont été bousculés au col de Kasserine. Rommel et Warlimont, estimant malgré tout la Tunisie indéfendable, en demandent l'évacuation, mais exactement comme en Russie, le Führer interdit toute retraite. Il va en payer le prix : entre le 10 et le 13 mai 1943, les forces alliées, effectuant une percée jusqu'à Tunis, capturent 250 000 soldats allemands et italiens, 250 chars et 1 000 canons.

Tunis, le défilé de la victoire alliée.

Deux soldats de l'Axe parmi les 250 000 capturés en Tunisie.

Voilà une nouvelle défaite stratégiquement périlleuse, car une fois l'Axe chassé d'Afrique, rien n'empêchera les Alliés de débarquer en Italie.

Koursk

À ce stade, pourtant, Hitler ne songe qu'à reprendre l'initiative à l'Est, en ouvrant l'offensive d'été par la manœuvre que von Manstein n'avait pu effectuer en mars : prendre au piège et détruire les armées soviétiques dans le saillant de Koursk, par une attaque en tenaille menée depuis Orel au nord et Kharkov au sud ; c'est une manœuvre classique, qui amènera la 9ᵉ armée du général Model et la 4ᵉ armée blindée du général Hoth à faire leur jonction à l'est de Koursk, en éliminant près d'un million de soldats soviétiques pris dans la nasse à l'ouest de la ville. Hitler a tout misé sur cette opération *Zitadelle*, dans laquelle il va engager 700 000 hommes, 1 600 chars, 600 canons d'assaut et 1 800 avions des *Luftflotten IV* et *VI*. Bien sûr, les armées soviétiques sont très supérieures en effectifs – 1,3 million d'hommes répartis en cinq Fronts à l'ouest, au centre et à l'est du saillant – et elles peuvent y concentrer 3 200 chars, 2 900 avions et 20 000 canons. Mais comme toujours, Hitler pense pouvoir compenser son infériorité numérique par une « farouche volonté de vaincre », par la supériorité qualitative de ses nouveaux blindés Tigre et Panther[1], et bien sûr par l'effet de surprise. Comme toujours, il n'envisage pas que l'ennemi puisse également être animé d'une farouche volonté de vaincre, il oublie que les Soviétiques ont eux aussi perfectionné leurs chars, et surtout, il s'illusionne beaucoup en comptant sur l'effet de surprise.

L'OKH estime qu'Hitler devrait lancer l'opération dès le mois de mai, avant que les Soviétiques n'aient le temps de se regrouper et de compenser leurs pertes du printemps. Mais Hitler n'en fait rien, à la fois parce qu'il attend la sortie en nombre de ses nouveaux chars Tigre et Panther, et parce qu'il redoute un débarquement des Alliés en Sicile ou dans les Balkans aussitôt après leur victoire en Tunisie. Il laisse donc passer le mois de mai, puis le mois de juin, sans mesurer les dangers d'un tel

1. À la conception desquels il a lui-même participé, en faisant apporter de nombreuses améliorations techniques souvent brillantes.

ajournement. C'est que les Soviétiques ont été informés au plus tard à la fin d'avril des grands traits de l'opération[1], et ils ont établi autour de Koursk trois ceintures défensives, avec points d'appui bétonnés, villages fortifiés, fossés antichars, champs de mines et artillerie enterrée – 3 700 kilomètres de réseaux défensifs sur 40 kilomètres de profondeur.

L'opération *Zitadelle* est déclenchée à l'aube du 5 juillet : les 1 000 chars de la 9ᵉ armée percent la première ligne de défense au bout de deux jours et entament la deuxième dès le 8 juillet, mais après une

Panzers progressant au sud de Koursk.

avance de 10 kilomètres, ils sont arrêtés le lendemain par une puissante contre-attaque. Au sud, les 1 500 panzers et canons d'assaut de la 4ᵉ armée blindée franchissent en deux jours les deux premières ceintures défensives, ils progressent de 30 km en infligeant des pertes sévères à l'ennemi, mais se trouvent ensuite ralentis dans leur avance par plusieurs contre-attaques locales, jusqu'à ce qu'ils atteignent le 12 juillet la bourgade de Prokhorovka,

1. L'« Orchestre rouge », comprenant un certain nombre d'officiers de la Wehrmacht et d'agents communistes, transmet à Moscou par la Suisse des informations détaillées sur les plans d'Hitler.

sur la troisième ligne de défense soviétique ; là, ils se heurtent à la 5e armée blindée de la Garde, et il s'ensuit un duel de chars aussi confus
que meurtrier, qui se prolongera pendant trente-six heures. Le 13 juillet
1943, les Allemands n'ont perdu qu'une cinquantaine de chars et les Soviétiques plus de 300. Von Manstein estime donc que l'offensive pourra
reprendre dès qu'il aura reçu le renfort de ses divisions blindées de réserve, mais ce même jour, il apprend que les Fronts de l'Ouest et de
Briansk de l'Armée rouge ont lancé l'offensive *Koutouzov* au nord et à

Contre-attaque soviétique sur le périmètre défensif de Koursk.

l'est d'Orel, sur les arrières de la 9e armée. Par ailleurs, les Anglo-Américains, débarqués en Sicile avec 8 divisions à l'aube du 10 juillet, n'ont
pu être repoussés et progressent rapidement vers l'intérieur des terres.
Dans ces conditions, de nouvelles dispositions stratégiques s'imposent,
et le Führer décide de mettre fin à l'opération *Zitadelle*. À partir du
14 juillet, les armées allemandes vont se replier vers leurs positions de
départ, talonnées par les divisions blindées de cinq Fronts soviétiques.
Dans ce duel de titans, les Russes ont perdu près de la moitié de leurs

chars, 1 100 avions et deux fois plus d'hommes que les Allemands ; mais ils sont restés maîtres du terrain, et ils ont brisé la capacité offensive de la Wehrmacht[1]. Sur le front de l'Est, l'armée allemande n'a pas encore perdu la partie, mais elle ne peut déjà plus la gagner.

Timbre soviétique de 1945 en l'honneur du chasseur Yakovlev Yak 3.

La Sicile envahie

Hitler s'est déjà détourné de la Russie pour faire face à la menace venue du Sud, et il décide sur-le-champ d'aller conférer avec Mussolini. Les deux dictateurs se rencontrent donc le 19 juillet 1943 à Feltre, près de Trévise. Bien entendu, le Führer a toujours besoin d'un bouc émissaire, et l'interprète Eugen Dollmann racontera la suite en ces termes : « Hitler s'est lancé dans une énumération fastidieuse de toutes les bourdes militaires et de tous les péchés d'omission commis jusque-là par son allié italien. [...] Le Duce a été contraint d'entendre pendant des heures qu'il avait été invariablement trompé par ses propres généraux quant à la force militaire de l'Italie [...] depuis le début de la guerre. Le mot calamiteux de " Grèce " a été prononcé, et pour la première fois, le caporal allemand a dit au caporal italien sans mâcher ses mots que cette malheureuse campagne était responsable de toutes les difficultés rencontrées en Russie. »

Pour l'heure, Hitler n'a guère de renforts à envoyer aux 5 divisions italiennes et aux 2 divisions allemandes qui tentent de contenir la poussée alliée en Sicile : à l'est de l'île, la 8e armée britannique de Montgmomery a pris Syracuse et progresse vers Catane par la route côtière ; à l'ouest, la 7e armée américaine de Patton a établi une tête de pont sur le golfe de Gela, d'où elle lance

1. Et pris pour la première fois l'ascendant dans les airs : les FW 190 et les Me 109 ont été confrontés aux nouveaux chasseurs La 5 et Yak 3, dont les performances égalaient largement les leurs, ainsi qu'aux bombardiers en piqué Il 2 Sturmovik, qui ont décimé les convois de ravitaillement en essence – une tactique habile, qui a permis à maintes reprises d'immobiliser les panzers de pointe avant même qu'ils n'aient pu combattre.

Canon automoteur américain Priest aux abords de Palerme le 22 juillet 1943.

une puissante offensive en direction de Palerme. Les divisions italiennes sont peu combatives, la *Panzerdivision* Hermann Goering reconstituée et la 15ᵉ division de *Panzergrenadier* sont trop dispersées au sud du pays et très vulnérables aux salves incessantes des canons de la *Royal Navy*, tandis que la *Luftflotte II* de von Richthofen, harcelée par 3 000 avions alliés, ne peut leur fournir qu'un appui sporadique.

Lorsque les Américains prennent Palerme le 22 juillet, personne ne doute que les Alliés seront bientôt maîtres de toute la Sicile, d'où ils pourront prendre pied sur la péninsule Italienne. C'est ce qui explique les événements du 25 juillet à Rome : Mussolini, mis en minorité la veille au Grand Conseil fasciste, désavoué par le roi et remplacé par le maréchal Badoglio, est arrêté et incarcéré sur l'île de Ponza. Hitler, qui n'a aucune confiance en Badoglio, ordonne l'évacuation de la Sicile, l'occupation des cols alpins et la préparation d'une opération éclair pour mettre la main sur Rome. En même temps, il charge Himmler de retrouver à n'importe quel prix le lieu de captivité de Mussolini.

La « contre-terreur »

Mais outre les Fronts de l'Est et du Sud, il y a l'espace aérien allemand. C'est que les bombardements se sont intensifiés depuis le printemps de 1943, qui a vu des raids massifs sur Hambourg, Essen, Duisbourg, Berlin, Essen, Bochum, Dortmund, Wuppertal et Düsseldorf, par des Wellington de la RAF la nuit et des B 17 américains le jour. À chaque fois, la production industrielle en a été affectée et les pertes civiles ont été considérables. Les causes de la vulnérabilité du Reich restent évidentes : les Alliés attaquent avec des masses compactes de bombardiers lourdement armés et équipés de radars perfectionnés, auxquels les Allemands ne peuvent opposer qu'une DCA clairsemée et un nombre de chasseurs cruellement insuffisant. Les FW 190 et Me 109 restent d'excellents avions, mais ils commencent à être surclassés par les nouveaux chasseurs alliés et sont produits en quantités insuffisantes ; c'est que le Führer insiste pour donner la priorité aux bombardiers, considérant qu'on « ne peut briser la terreur que par la contre-terreur », car « c'est ainsi qu'il a lui-même triomphé de ses ennemis en politique intérieure ». L'application des leçons de la répression politique de 1933 à la stratégie aérienne de 1943 peut étonner, mais Hitler a une logique très personnelle ; il ordonne donc d'envoyer des nuées de bombardiers au-dessus de l'Angleterre. Ainsi, alors que la Luftwaffe est engagée en Sicile, en Russie, au cap Nord et au-dessus du Reich, on s'apprête à renouer avec la stratégie qui a échoué trois ans plus tôt : le bombardement systématique des îles Britanniques, qui sont infiniment mieux défendues qu'à l'été de 1940[1] !

1. Les ordres d'Hitler seront appliqués cinq mois plus tard, avec un zèle modéré et des résultats insignifiants ; c'est que la *Luftflotte III* en France ne peut plus aligner que 500 bombardiers vétustes et 100 chasseurs d'escorte, pour affronter plus de 4 000 chasseurs alliés. En janvier et février 1944, les bombardiers allemands largueront 1 700 tonnes de bombes sur les îles Britanniques, soit moins que le total de bombes déversées sur l'Allemagne en *vingt-quatre heures* !

Bien entendu, cela n'aura pas le moindre effet dissuasif sur le *Bomber Command* britannique ou sur la *8th Air Force* américaine, et n'empêchera pas la dévastation de l'industrie allemande. Le 13 août 1943, les forteresses volantes B 17 attaquent en plein jour et sans escorte les usines d'aviation de Wiener Neustadt, provoquant un terrible accès de rage du Führer, qui passe ses nerfs pendant une heure sur l'infortuné chef d'état-major Jeschonnek – son supérieur

« Protection antiaérienne ! »

s'étant prudemment absenté. Le 17 août, ce sont encore 230 appareils américains qui bombardent les usines métallurgiques de Schweinfurt, provoquant une chute de 38 % de la production de roulements à billes – un élément vital pour la construction des tanks, des avions et des sous-

Bombardier américain B17 « Flying Fortress » au-dessus de l'Allemagne.

marins. Le lendemain, 146 autres bombardiers s'en prennent aux usines Messerschmitt de Regensburg, détruisant une partie des ateliers et tuant 400 ouvriers. La même nuit, la RAF va bombarder le centre d'essais de Peenemünde, provoquant de gigantesques incendies et la mort de 700 savants et ingénieurs. En dépit de ces dévastations et des ordres d'Hitler, le ministre de l'Armement Speer et le secrétaire d'État Milch font des prodiges pour augmenter la production des précieux chasseurs. Ils ont tout misé sur la construction de l'avion à réaction Me 262 ; or, au début d'août, le Führer ordonne de remettre en chantier l'avion à piston Me 209, abandonné trois mois plus tôt du fait de ses performances décevantes ! Il faut donc réviser tous les plans, et le Me 262 ne représentera plus qu'un quart de la production totale. Il faut aussi protéger un pro-

Le Me 262 à réaction, l'avion le plus rapide de toute la guerre.

gramme ultrasecret, celui de la bombe volante Fi 103 – le futur V1 – en cours de production à Peenemünde, et que le Führer considère avec le plus grand scepticisme : « La guerre est trop sérieuse pour que l'on bricole avec des joujoux ! » C'est qu'Hitler se méfie énormément des armes et des techniques nouvelles – fusils d'assaut, radars, fusées, avions à réaction, atome – qui étaient inconnues pendant la Grande Guerre, et il est intervenu à de nombreuses reprises pour en freiner le développement, au bénéfice du perfectionnement d'armes plus familières.

Le stratège en campagne

À ce stade, Hitler cumule les fonctions de chef d'État, chancelier, dirigeant de parti, ministre des Affaires étrangères[1], ministre de la Guerre, commandant suprême de la Wehrmacht et chef de l'armée de terre. Mais n'étant ni Napoléon ni Bismarck, il a laissé l'administration et l'économie du Reich à d'autres responsables souvent incompétents, et le Conseil des ministres a cessé de se réunir depuis sept ans ! Par contre, n'ayant rien perdu de son fanatisme racial, le Führer suit de près la progression de la « solution finale » confiée à Himmler – un abominable holocauste de six millions de Juifs et de bien d'autres malheureux dans les camps de la mort d'Europe centrale. Mais depuis la déclaration de guerre, Hitler n'a plus quitté l'uniforme, les quartiers généraux et les conférences militaires, et après quatre années de conflit inin-

Four crématoire à Auschwitz.

terrompu, il est possible de cerner les qualités et les défauts du stratège en campagne : la sûreté de son instinct au stade de la planification est incontestable, comme l'ont démontré les plans *Gelb* en France et *Barbarossa* en URSS. Son masque d'impassibilité, son autoritarisme et sa maîtrise absolue de la terminologie militaire en imposent à tous lors des conférences de si-

1. Von Ribbentrop n'étant qu'un exécutant servile.

tuation, et son étrange éloquence continue à susciter chez la plupart un dévouement aussi servile que fanatique. Enfin, ses instructions en matière d'armement dénotent toujours une surprenante compétence technique : c'est à son initiative que le canon de 75 mm antitank remplace les canons de 37 et 50 mm, et que les canons courts des panzers sont abandonnés au profit des canons longs de 75 et de 88 mm ; à quoi il faut ajouter que Hitler contribuera personnellement au développement des nouveaux tanks Panther, Tigre et Königstiger.

Pourtant, rien de tout cela ne peut dissimuler les failles du stratège Hitler : dans les situations d'urgence, il décide trop vite, sur la base de préjugés et d'informations parcellaires, ce qui donne lieu à des ordres aberrants ; ses contradicteurs – même et surtout les plus gradés – sont rabroués, ridiculisés et le plus souvent limogés. Dans l'offensive, il déconcerte l'adversaire, mais sa stratégie défensive est d'une effarante rigidité : aucune retraite n'est permise, d'où une longue suite de désastres, depuis El-Alamein jusqu'à Tunis en passant par Stalingrad. Le Führer en est venu à contrôler les mouvements de troupes jusqu'au niveau du régiment, sur la base de cartes d'état-major, à des centaines de kilomètres du champ de bataille et sans prendre en compte les difficultés du terrain ou l'état des unités engagées. Du reste, il ne s'intéresse qu'au nombre d'unités, non à leur qualité, et il veut en créer sans cesse de nouvelles plutôt que de compléter les effectifs des formations existantes – ce qui donne des divisions expérimentées mais sous-équipées et en sous-effectifs, voisinant avec de nouvelles divisions bien équipées mais mal encadrées et sans expérience du combat. Or, ce fait n'apparaît pas sur les petits drapeaux que le Führer déplace sans cesse sur ses cartes, dans un Kriegspiel de plus en plus déconnecté des réalités. Par ailleurs, cet étrange stratège autodidacte base souvent ses décisions sur les leçons des campagnes de la Grande Guerre, de 1870 et même de

1762[1], ainsi que sur son expérience de chef de parti dans les années 1920[2], et les explications qu'il consent à donner aux militaires laissent parfois sans voix : « Toute retraite entraînerait une perte de prestige aux yeux de l'opinion mondiale », « L'évacuation de la Crimée pourrait inciter la Turquie à se joindre aux Alliés », et même, alors que l'Armée rouge sera déjà aux portes de Berlin : « Il n'est pas question de retirer des troupes du nord de la Norvège, car nous en retirons l'essentiel de nos ressources en poissons[3] » ! À cela s'ajoute que le « plus grand chef de guerre de tous les temps » ne s'approche jamais du champ de bataille, qu'il contrôle mal l'exécution d'ordres souvent inexécutables, qu'il est incapable d'imposer une coopération convenable entre les trois armes[4] ou de confier à un commandant unique la responsabilité d'un théâtre d'opérations sans diluer aussitôt son autorité[5]. En outre, le Führer est sans véritables alliés : il n'a que des vassaux serviles ou des cobelligérants indépendants (au nombre des premiers : les Italiens, les Roumains, les Bulgares et les Hongrois ; parmi les seconds, les Finlandais et surtout les Japonais, avec lesquels il ne parviendra jamais à coordonner sa stratégie). Vis-à-vis de ses alliés, comme des pays neutres ou hostiles, il conçoit la diplomatie non comme instrument de négociation, mais comme moyen d'intimider et d'imposer sa volonté. Enfin, le souci exagéré de son image, le fanatisme raciste, un excès d'assurance, une sous-estimation constante des capacités de l'ennemi et un rejet quasi pathologique des informations

1. Lors de la guerre de Trente Ans, la Russie avait quitté la coalition contre la Prusse après la mort de la tsarine Élisabeth, sauvant ainsi les armées de Frédéric II. Deux siècles plus tard, Hitler compte sur une répétition de l'Histoire pour provoquer la rupture de la coalition alliée !

2. Ainsi, lorsqu'à la fin de 1943, le chef d'état-major de l'armée lui fait part du moral très bas des troupes sur le front de l'Est, Hitler lui répond qu'avant la prise de pouvoir, les chefs des sections locales du parti l'informaient du mauvais moral des militants nazis face aux socialistes, mais qu'il avait constaté que cela provenait toujours d'un encadrement insuffisant. Pour le Führer, ce qui valait en politique à l'époque s'applique naturellement à la stratégie vingt ans plus tard.

3. Comme pour les exemples précédents, il est impossible de savoir si Hitler croyait à ses propres arguments.

4. À la différence des Alliés occidentaux, qui maîtrisent dès la fin de 1942 la guerre en trois dimensions, avec une excellente coopération terre-air-mer. Ils ont également appris la nécessité de nommer un commandant unique pour chaque théâtre d'opérations.

5. Les chevauchements d'autorité dans l'ensemble de la structure militaire sont aussi fréquents que dans le domaine civil, ce qui permet à Hitler de régner sans partage : la *Waffen SS* double l'armée, le SD concurrence et surveille l'*Abwehr*, exactement comme le *kreisleiter* nazi surveille le maire et le *gauleiter* concurrence et éclipse le président de région.

contraires à ses prévisions lui font commettre bien des erreurs stratégiques[1] – dont il rejette invariablement la responsabilité sur ses subordonnés.

Recul sur tous les fronts

Dans l'intervalle, la situation stratégique à l'Est comme à l'Ouest s'est considérablement dégradée : en Russie, l'Armée rouge a repris Orel le 8 août 1943, Briansk le 18, Kharkov le 23, et elle menace désormais Smolensk, avec sur l'ensemble du secteur une forte supériorité en effectifs : 1,2 million d'hommes contre 850 000, 20 700 pièces d'artillerie contre 8 900, 1 400 chars contre 500, et même 900 avions contre 700... En Sicile, les Alliés se sont emparés de Catane le 5 août, avant de traverser le détroit de Messine pour prendre pied en Calabre, et à l'aube du 9 septembre, ils débarquent en force à Salerne, au sud de Naples. La Wehrmacht leur fait payer un lourd tribut, mais elle ne peut les empêcher d'établir une tête de pont et de l'élargir vers le nord. Presque simultanément, l'annonce de la signature d'un armistice entre le maréchal Badoglio et les Alliés précipite l'action allemande : les 8 divisions du maréchal Rommel s'emparent de tous les points stratégiques du nord de l'Italie et y désarment les forces italiennes, 2 divisions aéroportées occupent Rome, tandis que plus au sud, les 6 divisions du maréchal Kesselring prennent position pour interdire aux Alliés toute progression en direction de Naples[2].

Entre-temps, la résistance intérieure s'est développée dans toute l'Europe occupée, notamment en Norvège, en Yougoslavie et en Grèce, les sous-marins allemands ont pratiquement perdu la bataille de l'Atlantique, et les Américains, forts de leurs nouvelles bases aériennes au sud de Naples, lancent des raids contre des cibles industrielles en Allemagne du Sud et en Autriche, à commencer par la grande usine Messerschmitt de Wiener Neustadt, qui est presque entièrement détruite. En septembre, la RAF frappe principalement

1. Il fait ainsi arrêter les trains d'approvisionnement vitaux à destination du front de l'Est pour laisser passer les convois de Juifs dirigés sur les camps de concentration.

2. Le 12 septembre, Mussolini est délivré de sa prison du Gran Sasso par un audacieux raid des SS.

Bochum, Kassel et Magdebourg ; en octobre, les cibles sont Emden, Munich, Münster, Schweinfurt, Hanovre, Leipzig et Marienburg, où les ateliers de montage Focke-Wulf sont détruits à 90 %. Le début de novembre voit un bombardement en tapis sur Ratisbonne, ainsi qu'un retour des appareils alliés au-dessus de Berlin. L'activité industrielle allemande s'en trouve sensiblement ralentie : après le second bombardement de Schweinfurt le 14 octobre, le Reich a perdu 67 % de sa production de roulements à billes. Il lui faut donc transférer d'urgence ses usines hors des villes ou dans les territoires occupés de l'Est, ce qui désorganise encore une industrie déjà fortement perturbée.

Bombardiers B 17 au-dessus de Schweinfurt.

Hitler dans les ruines d'une ville bombardée.

Pourtant, Milch et Speer peuvent accomplir des miracles : 7 600 chasseurs ont été produits au cours des huit premiers mois de 1943. Tout comme le *Reichsmarschall* Goering, le commandant de l'aviation de chasse Adolf Galland et le nouveau chef d'état-major de l'Air Korten[1], ils savent bien que la stratégie d'Hitler est erronée : la seule solution pour mettre fin aux bombardements anglo-américains, ce serait de les rendre trop coûteux, en multipliant l'engagement des chasseurs au-dessus de l'Allemagne. L'état-major de la Luftwaffe a d'ailleurs discrètement rappelé des escadrilles de Norvège, de France, d'Italie et même de Russie pour participer à la défense du Reich. L'autre solution serait d'accélérer au maximum la production de chasseurs à réaction Me 262, capables de nettoyer le ciel allemand grâce à leurs performances inégalées ; mais dès novembre 1943, Hitler a donné un ordre formel : transformer le Me 262 en *Blitzbomber* – bombardier éclair. Les experts prétendent que c'est impossible, l'avion n'ayant pas été conçu pour cela. Mais Hitler les considère comme des incapables ou des saboteurs : ne suffit-il pas de vouloir ? En l'occurrence, le fanatisme du Führer a éclipsé son intuition technique, et du reste, l'ordre restera pratiquement lettre morte.

À cette époque, Hitler est décrit par son entourage comme étant particulièrement morose,

1. Son prédécesseur, le jeune général Jeschonnek, s'est suicidé en août 1943.

et cela se comprend : en Italie, les forces alliées, ayant pris Naples et franchi le Garigliano, ont atteint au début de novembre la ligne Gustave, dernier obstacle sérieux avant Rome ; à l'Est, la barrière du Dniepr n'a pas tenu, et l'Armée rouge a occupé Zaporojie le 14 octobre, Dniepropetrovsk le 25 et Kiev le 6 novembre. Dès le début de l'année 1944, en dépit des ordres d'Hitler de combattre « sans esprit de recul », les armées allemandes doivent faire retraite précipitamment sur les deux ailes du front russe : au Nord, entre le 14 et le 27 janvier, 6 armées soviétiques ont lancé une puissante offensive qui a repoussé les Allemands de 160 kilomètres en direction du sud-ouest et permis de reprendre Novgorod, puis de mettre fin au siège de Leningrad. Au Sud, l'offensive d'hiver lancée le 23 décembre 1943 par les quatre Fronts d'Ukraine a bousculé le groupe d'armées Sud de von Manstein et le groupe d'armées A de von Kleist, et permis aux Soviétiques d'occuper dès la fin de février 1944 une vaste bande de territoire allant de Sarny à Nikopol, en passant par Vinnitsa – l'ancien QG du Führer.

Retraite allemande à l'ouest de Novgorod.

Cette fois, les armées soviétiques poursuivent leur avance même durant la *raspoutitsa*, entre mars et mai 1944. L'«offensive de la boue» porte les armées soviétiques jusqu'au Boug, au Dniestr et au pied des Carpates ; les grandes villes sont hâtivement évacuées, tandis que la 6ᵉ armée et la 1ʳᵉ armée blindée sont encerclées et sévèrement malmenées au nord de Nikolaev et au sud de Korsoun. Au début de mai, c'est également l'ensemble de la Crimée qui tombe sous l'assaut du IVᵉ Front ukrainien, et lorsque l'Armée rouge marque une pause à la fin du mois, elle est parvenue aux frontières de la Roumanie et de la Pologne. Comme il faut bien – encore et toujours – trouver des responsables à cette succession d'échecs, von Manstein et von Kleist sont discrètement limogés au début d'avril.

Raspoutitsa – le dégel.

Curieusement, tous ces désastres ne semblent pas affecter outre mesure le Führer. C'est d'abord parce qu'il reste persuadé, contre toute évidence, que l'armée soviétique est au bord de l'effondrement ; c'est ensuite parce que plusieurs autres fronts s'embrasent depuis la Méditerranée jusqu'au Danube, en passant par l'Adriatique ; en Italie, les Alliés, longtemps contenus devant Cassino et Anzio, reprennent leur avance, les partisans italiens se mobilisent, les hommes de Kesselring sont débordés, les effectifs de la Luftwaffe dans le secteur sont cinq fois inférieurs à ceux de l'*US Air Force*, et en mai 1944, la prise de Rome n'est plus qu'une question de semaines. En Yougoslavie, la résistance communiste ne cesse de progresser malgré de lourdes pertes, et son chef Tito demeure insaisissable. En Hongrie, le régent Horthy a tenté de faire sortir son pays de l'orbite allemande, ce qui a conduit la SS à occuper Budapest[1]. Mais pour Hitler, il y a plus grave encore : les bombardements du Reich se font de plus en plus efficaces : des milliers de bombardiers américains B 17 et B 24, escortés cette fois de chasseurs P 51 Mustang à long rayon d'action, ont dévasté Augsburg, Stuttgart, Leipzig, Schweinfurt, Regensburg, Steyr et Wiener Neustadt, détruisant à 75 % les usines d'aviation visées et tuant des milliers d'ouvriers. Mais surtout, le 12 mai 1944, 935 appareils de la *8ᵗʰ Air Force*, puissamment escortés, larguent 20 000 tonnes de bombes sur plusieurs raffineries de pétrole et usines d'essence synthétique en Allemagne centrale et orientale, les rendant inutilisables pour près d'un mois. Dès la semaine suivante, Speer prévient Hitler : « L'ennemi nous a frappés sur l'un de nos points les plus faibles. S'il persiste dans cette voie, nous n'aurons bientôt plus de production significative de carburant. » Dans la nuit du 28 au 29 mai, 400 bombardiers renouvellent l'attaque, tandis que la *15ᵗʰ Air Force* basée en Italie mène simultanément un raid d'envergure sur les raffineries de Ploesti. Dès lors, la production d'essence du Reich, déjà très insuffisante, se trouve réduite de moitié, avec des conséquences inéluctables : on peut prévoir pour le début de juin 1944 une réduction sensible de l'efficacité de la Wehrmacht.

Le spectre du second front

Or, Hitler a justement une autre préoccupation, qu'il exprime clairement le 3 novembre 1943 : « Le danger à l'Est demeure inchangé, mais un plus grand danger menace à l'Ouest – c'est un débarquement

1. Il y a dès cette époque 23 divisions de *Waffen SS*, que le Führer ne cesse de déplacer d'un front à l'autre – ce qui n'améliore pas leur efficacité.

anglo-saxon. À l'Est, dans le pire des cas, les vastes espaces permettent de perdre du terrain même sur une large échelle sans que nous subissions un coup mortel. Mais c'est différent à l'Ouest ! [...] Certains indices laissent penser que l'ennemi lancera une invasion au plus tard vers le printemps, mais peut-être même avant. [...] J'ai donc décidé de renforcer les défenses à l'endroit où nous allons déclencher la grande bataille contre l'Angleterre. » Il est vrai qu'entre novembre 1943 et avril 1944, le Führer a reçu d'Ankara des renseignements très précis sur les délibérations alliées à Moscou, Téhéran et Londres[1], qui laissent prévoir l'ouverture d'un nouveau front à l'Ouest. Il a donc nommé Rommel commandant en chef pour le secteur côtier de la Manche, avec pour mission d'en améliorer les fortifications, tandis qu'il affectait de nouvelles forces aux Pays-Bas, à la Belgique et à la France. Sa capacité d'autosuggestion étant pratiquement illimitée, il s'est ensuite rassuré : le 18 avril 1944, Goebbels note dans son journal : « Le Führer est absolument sûr que l'invasion échouera, et même qu'elle sera repoussée avec pertes et fracas. [...] Rommel est prêt à faire boire le bouillon aux Anglais et aux Américains. » Comme toujours, Hitler se soûle de chiffres : à l'Ouest, derrière cet imprenable Mur de l'Atlantique avec ses 12 000 bunkers et ses 6 millions de mines, il y a 52 divisions, 1,3 million d'hommes, 2 000 chars et 1 400 avions, basés sur place ou immédiatement transférables depuis le Reich. Que pourraient faire les Alliés contre une telle puissance ?

Bien sûr, la réalité est déjà moins rose : il n'y a guère plus de 850 000 soldats dispersés entre la mer du Nord et la Méditerranée, leurs 42 divisions, de valeur très inégale, sont pour la plupart en sous-effectifs, elles manquent de canons, de munitions, de moyens de transport et surtout d'essence, et elles n'ont au total que 1 215 chars en état de combattre. Le Mur de l'Atlantique n'est correctement fortifié qu'en une douzaine de points entre les Pays-Bas et la Gironde, mais pour le reste, il est formé d'ouvrages clairsemés, sans défenses en profondeur et munis de pièces d'artillerie hautement hétéroclites. La *Luftflotte* III dispose de 95 chasseurs et de

1. Ce sont les documents « empruntés » à l'ambassade de Grande-Bretagne en Turquie par le domestique Elyeza Bazna, alias « Cicéron », qui les a transmis aux services de renseignement du *Sicherheitsdienst*.

Le maréchal Rommel inspecte les défenses avancées du Mur de l'Atlantique.

130 bombardiers, souvent cloués au sol par la pénurie d'essence et de pièces détachées, tandis que les terrains d'aviation prévus pour accueillir les 1 000 avions de renfort n'ont ni pistes d'atterrissage adéquates, ni tours de contrôle, ni dépôts de carburant, ni moyens de transmissions, ni défense antiaérienne… et leur emplacement est bien connu des Alliés. Enfin, la chaîne de commandement elle-même est d'une dangereuse complexité : le maréchal Rommel ne commande que le groupe d'armées B au nord de la Loire, et il est en principe sous les ordres de *l'Oberbefehlshaber West* von Rundstedt, avec toutefois la possibilité de faire appel directement au Führer – qui de toute façon interdit le moindre déplacement d'unités sans son accord. Et naturellement, ni Rommel ni von Rundstedt ne commandent l'aviation, qui reste contrôlée par un Goering très jaloux de ses prérogatives – même et surtout lorsqu'il ne les exerce pas.

RETRAITES

13

À l'aube du 6 juin 1944, 5 000 navires déposent six divisions alliées sur la côte normande, 20 000 hommes des troupes aéroportées atterrissent dans l'arrière-pays, et le tout est couvert par 8 400 avions. À Klessheim, près de Salzbourg, Goebbels note ce jour-là : « La grande action décisive de la guerre vient donc de commencer. [...] Le Führer fait plus que se réjouir du fait. » Pourtant, le triomphalisme n'est pas de mise : au soir du 6 juin, les Allemands, ployant sous l'intensité du bombardement naval et aérien, ont été hors d'état d'empêcher les Alliés de gagner l'intérieur des terres et d'y établir cinq solides logements entre l'Orne et la Vire. La Luftwaffe n'a pu engager ce jour-là que 175 avions, rapidement écrasés par les 3 000 Spitfire, Mustang et Thunderbolt dominant l'ensemble du secteur. Le 9 juin, 475 chasseurs arrivent toute de même du Reich en renfort, mais ils sont pris à leur tour dans le maelström de l'armada aérienne alliée.

Le débarquement de Normandie. Terrain occupée au soir du 6 juin 1944.

Un monde d'illusions

Au bout d'une semaine d'opérations, les cinq têtes de pont font leur jonction, des renforts débarquent sans discontinuer et Bayeux tombe le 12 juin. La réaction se fait attendre, parce que les voies de communication menant vers l'Ouest sont systématiquement bombardées et sabotées, mais aussi parce que d'importantes forces allemandes sont maintenues en réserve et même renforcées dans le Nord, Hitler s'attendant au débarquement principal dans le Pas-de-Calais[1]. Si les panzers et l'artillerie parviennent à bloquer l'offensive britannique devant Caen, les

P. 47 Thunderbolt. Avec le Typhoon britannique, c'est le plus redoutable chasseur de chars en Normandie.

Américains, eux, verrouillent le Cotentin et avancent sur Cherbourg. Le Führer tarde à saisir toutes les implications de la situation : « Je n'arrivais pas à comprendre l'attitude d'Hitler, notera von Below. Il semblait encore convaincu que les forces d'invasion pouvaient être rejetées à la mer, en dépit de l'énorme supériorité aérienne de l'ennemi et des immenses quantités de matériel qui lui parvenaient sans encombre. Le fait est que l'armée était seule, et Hitler était obligé pour la première fois de reconnaître la signification de la suprématie aérienne alliée. » Au matin du 16 juin, le Führer se rend à Metz pour conférer avec Rommel et von Rundstedt : « La réunion a été des plus désagréables, poursuit von Below. Ce matin-là, Rundstedt [...] a laissé entendre qu'il lui serait impossible de chasser les Alliés de France avec les forces dont il disposait. Hitler, hors de lui, a répondu avec sa fougue habituelle que les V1 et les Me 262 allaient bientôt faire leur apparition. »

1. Aidé en cela par les spécialistes britanniques de la désinformation, qui ont intoxiqué les services secrets allemands dans le cadre du plan *Fortitude*.

Hitler et Rommel : « une réunion des plus désagréables ».

Mais les Me 262 tardent à arriver, et les premiers V1 qui tombent sur Londres sont sans effet sur la situation stratégique en France, où les Alliés élargissent progressivement leur tête de pont. Hitler dicte la stratégie en contemplant une carte de Normandie peu contrariante, et la Luftwaffe doit se résoudre à retirer du front des escadrilles hors d'état d'appuyer les troupes au sol. Pour expliquer cette succession d'échecs, le Führer a naturellement un responsable tout trouvé : « Les plus grandes fautes de Goering, confie-t-il à Goebbels, c'est qu'il ne s'informe pas, [...] qu'il ne va pas au fond des choses, qu'il a dressé son entourage à ne lui apporter que de bonnes nouvelles et qu'il vit dans un monde plein d'illusions. » Cela ressemble beaucoup à un autoportrait, mais il n'y a plus de temps à perdre en récriminations, car à l'Est, le front s'embrase de nouveau : le 22 juin 1944, pour le troisième anniversaire de l'invasion allemande, les Soviétiques lancent l'opération *Bagration* contre le groupe d'armées Centre : précédés d'un barrage d'artillerie de

« Nettoyons la patrie de la bête fasciste ! »

24 300 canons, mortiers lourds et orgues de Staline, 185 divisions et 4 000 chars, soutenus par 6 300 avions[1], crèvent le front sur 300 kilomètres. En douze jours, le groupe d'armées Centre perd 350 000 hommes, Vitebsk et Minsk tombent, la Biélorussie est libérée et cinq Fronts soviétiques convergent sur la Vistule.

Hitler réagit comme à son habitude, en interdisant toute retraite, en limogeant les commandants des groupes d'armées Centre et Nord, et en tenant à l'écart le chef d'état-major Zeitzler, coupable d'avoir tenté d'infléchir sa stratégie[2]. Lorsque le Führer réunit les responsables militaires à son QG de Rastenburg le 20 juillet, les mauvaises nouvelles affluent de partout : en Normandie, Caen et Saint-Lô sont tombés, le Cotentin est isolé et les Britanniques progressent vers l'Orne ; en Italie, les Alliés ont pris Sienne, ils avancent sur Florence et approchent de la ligne Gothique, dernier barrage avant la plaine du Pô ; à l'Est, l'Armée rouge a repoussé les troupes allemandes en Estonie comme en Lituanie, et pénétré profondément en Pologne orientale – de sorte que le Reich est désormais menacé depuis le nord-est, l'est, le sud-est, le sud et le sud-ouest… C'est évidemment beaucoup, mais ce 20 juillet 1944, Hitler affiche un optimisme destiné à impressionner ses généraux et à encourager Mussolini, qui est attendu au *Wolfschantze* dans l'après-midi.

Défections

L'impression sera désastreuse ; car peu après 12 h 40, une bombe placée par le colonel von Stauffenberg explose dans le baraquement où se tient la conférence de situation, faisant 4 morts et 20 blessés. Lorsque Mussolini arrive deux heures plus tard, il est témoin d'une scène dantesque : « Nous sommes allés droit à la salle de conférences, qui ressemblait à une maison dévastée par un bombardement aérien, se souviendra l'interprète Paul Schmidt. Dans un

1. Le groupe d'armées Centre n'a plus que 533 chars et 3 000 pièces d'artillerie, couverts par les 839 avions de la *Luftflotte VI*.

2. Le général Zeitzler avait déjà offert cinq fois sa démission. Il sera remplacé après le 20 juillet par le général Guderian, inspecteur général des blindés.

coin de la pièce, il y avait l'uniforme qu'Hitler portait ce matin-là, et il a montré à Mussolini le pantalon en lambeaux et la veste légèrement déchirée. [...] Mussolini était absolument horrifié. »

Hitler et Mussolini inspectent les restes du baraquement soufflé par l'explosion.

Pour l'heure, la nouvelle de la survie du Führer fait échouer les plans des conjurés, qui avaient tenté d'occuper les centres du pouvoir à Berlin dès l'annonce de l'attentat. Mais chez ce dictateur à l'équilibre déjà fragile, les dégâts sont considérables ; sa paranoïa s'en trouvera décuplée, de même que sa haine pour l'humanité en général et les officiers de la Wehrmacht en particulier. « Après l'attentat, déclarera Goering, Hitler a beaucoup changé, il perdait l'équilibre, ses mains et ses pieds tremblaient, il n'arrivait plus à mettre de l'ordre dans ses idées. À partir de cette époque, il ne sortait plus de son bunker et ne prenait plus l'air frais, car la lumière de l'extérieur lui blessait les yeux. Il prononçait sans hésiter des condamnations à mort et ne faisait confiance à personne. »

Au cours du mois suivant, les combats qui se livrent aux quatre points cardinaux approchent dangereusement des frontières du Reich : les armées soviétiques convergent sur la côte baltique, atteignent les faubourgs de Varsovie et s'apprêtent à lancer leur grande offensive en direction de Bucarest. À l'ouest, la guerre de positions s'achève : les Américains ont percé jusqu'à Avranches et, avec les Britanniques débouchant de Caen, ils menacent les défenses allemandes entre Falaise et Argentan. Comme toujours, le Führer interdit tout recul, et le 20 août, 15 divisions allemandes sont encerclées dans la poche de Falaise, sans soutien aérien[1]. Deux jours plus tôt, le maréchal von Kluge, commandant en chef sur

GI dépassant Orléans. Les inscriptions sur le bouclier du canon indiquent qu'ils ont participé aux campagnes de Tunisie et de Sicile.

1. À ce stade, une plaisanterie circule au sein de la Wehrmacht en Normandie : « Si tu vois un avion blanc, c'est un américain ; un noir, c'est un anglais ; si tu ne vois rien, c'est la Luftwaffe ! »

le front de l'Ouest, s'est suicidé après avoir imploré Hitler de négocier. Au même moment, d'autres forces américaines progressent rapidement vers Chartes, Dreux et Orléans, traversent la Seine à Mantes et approchent de la capitale, qui se soulève le 19 août. Ce même jour, en Italie, les troupes alliées entrent dans Florence. Après cela, les mauvaises nouvelles parviennent en cascade au QG de Rastenburg : la garnison allemande de Paris capitule le 25 août, les armées alliées débarquées en Provence prennent Toulon et Marseille, puis remontent la vallée du Rhône en direction de Grenoble ; Bucarest tombe aux mains de l'Armée rouge le 28 août et la Roumanie change de camp, encourageant les mouvements d'insurrection en Bulgarie, en Slovaquie et surtout en Yougoslavie, où la guérilla immobilise 18 divisions allemandes ; quant à la Turquie, elle vient d'annoncer la rupture de ses relations avec l'Allemagne[1].

Lancement d'une fusée V2 à Peenemünde.

Un ciel couvert

Mais le Führer compte sur la Luftwaffe pour redresser la situation[2] : des milliers de V1 continuent à s'abattre sur l'Angleterre, les premiers V2 ont atteint Londres dès le 8 septembre, et les Me 262 à réaction – qu'il s'obstine à considérer comme des bombardiers – vont sûrement semer la panique dans les rangs alliés. Après tout, l'ennemi doit être au bord de l'épuisement, la propagande de Goebbels semble galvaniser les civils comme les militaires, et la production de tanks et d'avions n'a jamais été aussi élevée. Mais tout à sa poursuite effrénée de l'autosuggestion et de

1. Un événement fatal à très court terme, la Turquie étant l'unique fournisseur du Reich en chrome – un métal d'alliage indispensable à la sidérurgie comme à l'industrie d'armement.

2. Au cours de la première moitié de septembre, les armées alliées venues de l'ouest et du sud de la France font leur jonction en Bourgogne, les Britanniques pénètrent en Belgique et les Américains approchent de la ligne Siegfried. La Finlande signe une paix séparée avec l'URSS, les Soviétiques avancent sur Riga et les rivages de la Baltique, la Prusse orientale est menacée, Varsovie est assiégée et l'Armée rouge vient d'entrer à Sofia.

la stratégie théorique, Hitler néglige l'essentiel : les bombardements. Après une accalmie de deux semaines en juin, durant laquelle l'essentiel de l'aviation alliée soutenait l'opération *Overlord*, les raids massifs ont repris au-dessus du Reich, et ils se concentrent sur les usines de fabrication d'essence synthétique : le 22 juin, les 9/10e de la production de carburant d'aviation partent en fumée ; à la fin de juillet, elle remonte à 609 tonnes, mais ce n'est là que le 10e de la production antérieure.

Pendant toute cette période, le ministre de l'Armement Speer multiplie les rapports à l'intention du Führer, pour l'avertir que les productions records de tanks et d'avions perfectionnés ne serviraient à rien si l'essence venait à manquer. Il propose donc qu'une quantité suffisante de chasseurs – 2 000 au moins – soit affectée prioritairement à la défense des usines d'essence synthétique. Hitler, qui avait exigé en avril un « parapluie de chasseurs » au-dessus du Reich, finit par accepter, et Goering promet que la nouvelle *Luftflotte Reich* ne sera pas envoyée au front. Mais l'avance alliée en France leur fait oublier tout cela, et les chasseurs partent pour l'Ouest – où ils sont engloutis à leur tour dans la grande tourmente de la retraite[1]. Une nouvelle force de protection de 2 000 chasseurs est donc prévue pour septembre, mais dans l'intervalle, le Reich n'a plus guère que 200 appareils pour tenter de repousser les raids de jour des bombardiers alliés ! Pendant ce temps, le comportement d'Hitler est de plus en plus erratique : il envoie à nouveau au front les chasseurs devant être affectés à la protection des usines, il réfute avec violence les protestations de Speer et du chef de l'aviation de chasse Galland, puis il les convoque pour leur annoncer sa nouvelle décision : « Je ne veux plus que l'on produise d'avions. L'arme des chasseurs sera dissoute[2] ! Arrêtez la production d'avions. Arrêtez-la immédiatement, compris ? Vous vous plaignez toujours du manque d'ouvriers spécialisés, hein ? Eh bien, affectez-les tout de suite à la production de DCA. Que tous les ouvriers fabriquent des canons antiaériens.

1. Sur la réserve opérationnelle de 800 chasseurs concentrée dans le nord de la France, 400 sont détruits ou capturés au cours des évacuations successives – le plus souvent avec leurs pilotes.

2. Ce genre de décision impulsive est à rapprocher de celle de janvier 1943, lorsque Hitler, mécontent des performances de la Kriegsmarine, s'était mis en tête de faire démanteler tous les navires de surface, pour ne plus conserver que des sous-marins.

Et que tout le matériel soit utilisé pour cela aussi ! C'est un ordre ! [...] Il faut décupler la production actuelle. » Après quoi Speer et Galland sont pratiquement jetés dehors.

Bien entendu, tout cela n'a aucun sens : ni les ouvriers ni les machines des usines d'aviation ne sont adaptés à la production de DCA, et du reste, il y a bien assez de canons antiaériens ; ce qui commence à manquer, ce sont les obus, du fait de la pénurie croissante de matières premières pour la fabrication d'explosifs. Mais comme toujours, le Führer ne veut rien entendre ; les raids sur le Reich redoublent donc d'intensité, la production de carburant synthétique diminue en conséquence, et la Luftwaffe, paralysée par les pénuries d'essence, est hors d'état d'endiguer le flot des armadas alliées. C'est un véritable cercle vicieux[1].

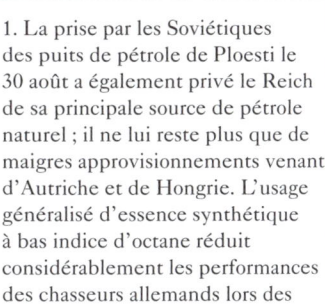

Hitler et le général Adolf Galland.

L'offensive alliée aux Pays-Bas entre le 17 et le 27 septembre 1944 devrait normalement redorer le blason de la Wehrmacht : le général Montgomery, péchant par excès de confiance, a tenté de s'emparer des ponts de la Meuse et du Rhin ; après les succès initiaux de la *82nd Airborne* américaine à Eindhoven et Nimègue, la 1re division aéroportée britannique échoue à Arnhem, laissant 9 000 parachutistes à la merci de deux divisions blindées SS retranchées devant les passages du Rhin. Les Alliés sont durement étrillés, mais Hitler, perdant encore son

1. La prise par les Soviétiques des puits de pétrole de Ploesti le 30 août a également privé le Reich de sa principale source de pétrole naturel ; il ne lui reste plus que de maigres approvisionnements venant d'Autriche et de Hongrie. L'usage généralisé d'essence synthétique à bas indice d'octane réduit considérablement les performances des chasseurs allemands lors des combats aériens de l'automne 1944.

sang-froid, ne voit que la menace qui pèse sur la Ruhr. Pourtant, grâce à de prodigieux efforts de productivité et de camouflage, la chasse allemande peut aligner dès novembre 1944 un total de 18 escadres comprenant 3 700 appareils, pour la plupart des Me 109G et des FW 190 de dernière génération, ainsi que 4 escadrilles d'avions à réaction Me 262.

« Le grand coup »

Avec une telle armada, les responsables de la Luftwaffe pensent pouvoir bientôt nettoyer le ciel au-dessus du Reich ; c'est ce que le général Galland appelle « le grand coup ». Mais le coup médité par le Führer n'est pas du tout celui qu'il attendait : à la mi-novembre, Galland

Avec le général Jodl, préparation de la « percée décisive ».

reçoit l'ordre de préparer la réserve de chasseurs à couvrir une grande bataille terrestre à l'Ouest – avec un préavis de quatorze jours, des pilotes manquant d'entraînement et des avions à court d'essence. Mais on ne discute pas les ordres du Führer ; depuis plus de trois mois, il prépare dans le plus grand secret une contre-attaque majeure destinée à écraser les Alliés dans les Ardennes, ainsi qu'il le révèle à la fin de novembre : « Une seule percée sur le front de l'Ouest ! Vous verrez ! Cela provoquera l'effondrement et la panique des Américains. Nous passerons au beau milieu de leurs lignes et nous prendrons Anvers. Comme cela, ils perdront leur port d'approvisionnement, et toute l'armée anglaise se trouvera enfermée dans une poche gigantesque, où nous ferons des centaines de milliers de prisonniers, tout comme avant, en Russie ! »

La Russie n'est sans doute pas le meilleur modèle... C'est d'ailleurs à cette époque que le chef d'état-major Guderian attire l'attention du Führer sur les concentrations de troupes soviétiques massées aux confins de la Haute-Silésie, et l'adjure de faire porter toutes les réserves de la Wehrmacht sur les frontières orientales du Reich. Mais Hitler ne respecte pas davantage le jugement de Guderian que celui de ses prédécesseurs : à l'Est comme à l'Ouest, les offensives alliées marquent le pas[1], et seules les conditions météorologiques défavorables empêchent le Führer de déclencher immédiatement l'opération *Herbstnebel*[2]. À son entourage, il explique que l'entreprise ne peut échouer : il y a dans le secteur des Ardennes 80 000 soldats alliés dispersés à l'extrême et ne disposant que de 400 chars ; avec ses 200 000 hommes et 600 panzers surgis de l'Eifel, il les balaiera, atteindra la Meuse au sud de Liège, puis poussera jusqu'à Bruxelles et Anvers, provoquant ainsi une rupture de la coalition anglo-américaine – ce qui lui permettra ensuite de se retourner vers l'Est pour vaincre l'Armée rouge. Hitler a tout planifié jusque dans les moindres détails, laissant à ses commandants sur le terrain une marge d'initiative dérisoire. Les trois armées qui mèneront l'offensive sous le haut commandement du maréchal von Rundstedt manquent certes du

1. Tout est relatif : les Soviétiques ont pris Belgrade en octobre, et la Wehrmacht est en train d'évacuer la Serbie, l'Albanie et la Grèce. En décembre, l'Armée rouge a pénétré profondément en Hongrie et assiégé Budapest.

2. « Brouillard d'automne. »

carburant nécessaire à une opération de cette ampleur[1], mais c'est sans importance : elles se réapprovisionneront dans les dépôts d'essence ennemis capturés en chemin… Quant à l'écrasante supériorité aérienne des Alliés, elle est aisément surmontable : il suffira d'attaquer par temps couvert, lorsque l'aviation ennemie sera clouée au sol.

Parachutistes sur char Tigre, en route vers Saint-Vith.

1. Elles n'ont d'essence que pour cinq jours de combats.

C'est finalement le 16 décembre 1944 qu'est déclenchée l'offensive : au nord, la 6ᵉ armée de panzers SS de Sepp Dietrich perce en direction de Stavelot et de Spa ; au centre, la 5ᵉ armée blindée de von Manteuffel fonce vers Dinant, en passant par Houffalize et Bastogne ; elle est couverte au sud par la 7ᵉ armée, qui doit occuper Diekirch et Neufchâteau. Tout se déroule comme prévu : la surprise est totale, les premières lignes américaines sont enfoncées et le mauvais temps paralyse l'aviation alliée. Dès le 18 décembre, la 6ᵉ armée de panzers SS atteint Stavelot et la 5ᵉ armée blindée, dépassant Houffalize, encadre Bastogne. Le 22 décembre, Saint-Vith est prise,

SS de la 6ᵉ *Panzerarmee*.

tandis que la 5ᵉ armée blindée, dépassant Rochefort, est déjà en vue de la Meuse. À l'évidence, la plus grande confusion règne dans le camp allié, et Hitler, qui a établi son QG au « nid d'aigle » de Ziegenberg, près de Bad Nauheim, savoure déjà son triomphe.

Il s'est réjoui trop tôt : la rareté, l'exiguïté et le mauvais état des routes, la destruction des ponts et le manque de carburant entravent le mouvement des renforts et de l'approvisionnement, ce qui compromet fatalement l'offensive des armées du Nord et du Centre. Sur leurs arrières, Stavelot, Spa et l'important carrefour routier de Bastogne résistent toujours ; le 24 décembre, les divisions de pointe de la 5ᵉ armée blindée sont repoussées à l'est de la Meuse, tandis qu'une contre-offensive américaine qui se développe au sud menace le flanc gauche de la 7ᵉ armée. Entre le 24 et le 25 décembre, le ciel s'éclaircit brusquement, et les panzers, les concentrations de troupes et leurs lignes d'approvisionnement sont harcelés sans interruption par 5 000 avions alliés, qui s'en prennent également aux terrains d'aviation avancés le long de la frontière. Le jour de Noël, des centaines d'appareils de la Luftwaffe sont détruits au sol ou abattus en tentant de défendre leurs bases. Le 26 décembre, lorsque la 3ᵉ armée du général Patton perce les défenses allemandes et rompt

SS égarés entre Saint-Vith et Malmédy.

l'encerclement de Bastogne, il est clair que l'offensive des Ardennes a échoué ; elle aura coûté à la Wehrmacht 100 000 hommes, 500 chars et 800 avions. Mais Hitler, refusant de s'incliner, ordonne une attaque de diversion en direction du nord-est de l'Alsace, dans l'espoir de prendre à revers les forces américaines engagées au sud des Ardennes. Déclenchée le jour de l'an 1945, l'opération *Nordwind* est la dernière offensive organisée de la Wehrmacht à l'Ouest – et la moins efficace : les colonnes allemandes n'avancent que d'une vingtaine de kilomètres, sont arrêtées avant d'atteindre Strasbourg et ne soulagent en rien le front des Ardennes…

Mais la campagne s'éternise, car Hitler refuse de reconnaître sa défaite et il reste de nombreuses poches de résistance allemandes dans les Ardennes comme en Alsace ; le 9 janvier 1945, le général Guderian vient une nouvelle fois conjurer Hitler d'affecter des renforts au front oriental : « Guderian, racontera son aide de camp, a évoqué les reconnaissances aériennes […] indiquant qu'environ 8 000 avions soviétiques s'étaient rassemblés sur les aéroports à proximité des fronts de la Vistule et de la Prusse orientale. […] Hors de lui, Hitler a qualifié de "complètement idiotes" les estimations des services de renseignements militaires. Leur auteur, quel qu'il fût, méritait d'être enfermé dans un asile de fous. Guderian a répondu qu'il s'agissait du général Gehlen, un de ses meilleurs officiers d'état-major, et que si Hitler voulait le faire interner, il faudrait l'interner avec lui. Une fois de plus, Hitler rejetait toutes les propositions de repli et de transfert de troupes. »

Une colonne avancée de la 3e armée américaine pénètre dans Bastogne assiégée.

Char Tigre II abandonné au sud de Bastogne.

« LE CRÉPUSCULE DES DIEUX »

14

Le 12 janvier 1945, l'ampleur de l'offensive soviétique va prendre tout le monde par surprise : sur plus de 1 200 kilomètres, à partir de la Vistule et du Narew, 2,5 millions d'hommes et 7 000 blindés, couverts par 6 500 avions, s'élancent en direction de la Bohême-Moravie, de la Silésie, de la Poméranie et de la Prusse orientale. Pour endiguer ce flot, la Wehrmacht n'a plus que 500 000 hommes et 500 panzers, tandis que la Luftwaffe n'aligne que 1 875 avions, dont seulement 360 chasseurs disséminés entre la Lituanie et la Slovaquie. La progression soviétique sera donc foudroyante : au sud, le IV⁰ Front ukrainien progresse en direction de la Bohême ; le I⁰ʳ Front ukrainien de Koniev avance sur Cracovie et Kielce ; au centre, le I⁰ʳ Front biélorusse de Joukov fonce vers Łódź et Varsovie ; plus au nord, les II⁰ et III⁰ Fronts remontent vers la Prusse orientale. Au cœur du dispositif allemand s'ouvre donc une brèche de 320 kilomètres de large, par laquelle s'engouffrent plus de 200 divisions...

Offensive soviétique Vistule-Oder. Le bouclier du canon porte une inscription péremptoire : « L'ennemi sera écrasé. »

C'est seulement le 16 janvier que le Führer quitte le « nid d'aigle » de Ziegenberg pour rentrer à Berlin ; un pince-sans-rire de son entourage déclare au cours du voyage que le QG du Führer ne saurait être établi ailleurs qu'à Berlin, car c'est le seul endroit d'où l'on peut passer du front de l'Est au front de l'Ouest en prenant le métro ! Il anticipe, bien sûr, mais de très peu[1]. En tout cas, les ordres donnés par Hitler à son retour manquent singulièrement de cohérence : aucune retraite n'est permise ; le corps d'armée Gross Deutschland fera mouvement depuis la Prusse orientale vers Kielce, afin de prévenir une percée de l'Armée rouge en direction de Poznań[2] ; la 6e armée blindée de Sepp Dietrich, retirée du front de l'Ouest, ne sera pas dépêchée sur l'Oder, mais affectée à la défense de Budapest, isolée par une offensive de l'Armée rouge ; les 22 divisions allemandes immobilisées en Courlande doivent rester sur leurs positions, malgré le manque criant d'effectifs en Haute-Silésie, en Poméranie et en Prusse orientale[3] ; Hitler exige en outre la création immédiate d'une division de cyclistes armés de grenades et de *Panzerfaust*[4] pour combattre les tanks soviétiques ! Enfin, les généraux coupables d'avoir ordonné des replis tactiques sont limogés, et le commandement du « groupe d'armées Vistule » est confié à Heinrich Himmler, un spécialiste de la répression policière sans la moindre expérience militaire...

La suite est prévisible : entre le 16 et le 31 janvier, Varsovie, Cracovie, Radom, Łódź, Kielce, Eylau, Bromberg, Thorn, Kulm, Marienwerder, Insterburg et Landsberg sont perdus, Poznań est isolé, Königsberg est attaqué par le nord, et les avant-gardes des armées de Joukov et de Koniev atteignent les rives de l'Oder, au sud de Francfort-sur-l'Oder et au nord de Breslau. À la fin de janvier, la plus grande partie de la région industrielle et charbonnière de Haute-Silésie est aux mains des Soviétiques, et l'on se bat désormais en territoire allemand. Pourtant, Hitler refuse de né-

1. Il semblerait que cette plaisanterie ait fait rire Hitler – chose curieuse chez cet homme qui n'avait aucun sens de l'autodérision.

2. Un déplacement de 370 kilomètres, qui prendrait au mieux quinze jours, laisserait la Prusse orientale sans défense – et arriverait trop tard pour redresser la situation.

3. Il y a aussi 350 000 hommes en Norvège, qui n'y font absolument rien, mais que le Führer tient à maintenir sur place par crainte d'un débarquement britannique.

4. Sortes de bazookas rudimentaires.

gocier avec les Alliés ; il songe plutôt à une résistance acharnée jusqu'à ce que ses ennemis de l'Est et de l'Ouest se divisent et relâchent leur étreinte. Dans l'intervalle, il n'envisage rien d'autre qu'une politique de la terre brûlée : « Nous ne laisserons qu'un désert aux Américains, aux Anglais et aux Russes ! » Mais quelles que soient leurs divergences politiques et idéologiques. Churchill, Roosevelt et Staline semblent plus résolus que jamais à coordonner leurs stratégies pour venir à bout du Troisième Reich – ainsi qu'ils viennent de l'exprimer très officiellement lors de la conférence de Yalta.

La conférence des Trois Grands du camp allié à Yalta, entre le 4 et le 11 février 1945.

Les Anglo-Américains, freinés par la contre-offensive des Ardennes, n'avancent que lentement en direction du Rhin, sur un large front allant de la Sarre au sud des Pays-Bas. Mais ils compensent leur relative inactivité terrestre par une recrudescence de l'offensive aérienne : elle se

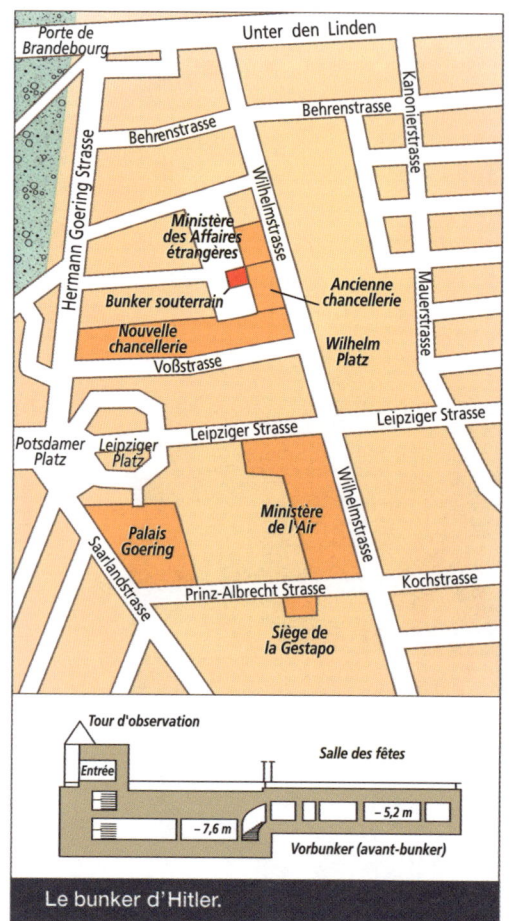

Le bunker d'Hitler.

Labels in the map and diagram:

Porte de Brandebourg
Unter den Linden
Behrenstrasse
Kanonierstrasse
Behrenstrasse
Hermann Goering Strasse
Behrenstrasse
Wilhelmstrasse
Ministère des Affaires étrangères
Bunker souterrain
Ancienne chancellerie
Nouvelle chancellerie
Mauerstrasse
Wilhelm Platz
Voßstrasse
Leipziger Strasse
Leipziger Strasse
Potsdamer Platz
Leipziger Platz
Wilhelmstrasse
Saarlandstrasse
Palais Goering
Ministère de l'Air
Prinz-Albrecht Strasse
Kochstrasse
Siège de la Gestapo

Tour d'observation
Entrée
Salle des fêtes
– 7,6 m
– 5,2 m
Vorbunker (avant-bunker)

concentre sur Berlin, sur la Ruhr, sur Dresde[1] et les dernières usines d'essence synthétique encore en activité. La DCA est de plus en plus clairsemée, car Hitler a ordonné le transfert de plusieurs centaines de batteries lourdes vers l'Est pour constituer une ligne de défense antichars le long de l'Oder. Hitler, désormais retranché dans un bunker sous la chancellerie du Reich[2], continue à s'absorber dans ses exercices favoris de stratégie théorique, à proclamer sa volonté de combattre « avec une détermination fanatique », et à menacer de mort tous ceux qui « feraient des déclarations pessimistes ». Pourtant, les rapports qui lui parviennent montrent une détérioration inexorable de la situation stratégique ; si les Soviétiques restent sur l'Oder, c'est pour regrouper leurs forces après l'offensive de janvier, et pour réduire tous les points fortifiés isolés sur leurs arrières, depuis la Baltique jusqu'au Danube. En dépit de quelques contre-attaques inefficaces du groupe d'armées Vistule de Heinrich Himmler et du groupe d'armées Centre du général Schörner, les Ier et IIe Fronts biélorusses s'emparent entre la mi-février et le début de mars des « citadelles » de Poznań, Stargard, Elbing et Graudenz, tout en isolant entièrement Gdańsk, Gdynia et Königsberg ; plus au sud, Breslau et

1. Un bombardement catastrophique de cette ville d'art, encombrée d'un million de réfugiés, a fait entre 25 000 et 40 000 morts.

2. Le réflexe de s'enterrer dans un bunker, de même que la peur panique des attaques au gaz, reposent eux aussi sur des souvenirs de la Grande Guerre.

Troupes américaines à l'assaut d'une bourgade proche de Trèves, 7 mars 1945.

Glogau sont encerclés par les divisions de tête du Ier Front ukrainien de Koniev, tandis que les II et IIIe Fronts ukrainiens prennent Budapest à la mi-février, avant de poursuivre leur avance en direction de Vienne au nord et du lac Balaton au sud. Dans les airs, face aux 15 armées aériennes soviétiques, les escadrilles de la Luftwaffe sont surclassées et écrasées sous le nombre, tandis que la pénurie croissante de carburant cloue au sol un nombre croissant d'appareils, au moment précis où ils seraient le plus utiles sur le front de l'Est – ou sur le front de l'Ouest, du reste ; car à partir du 7 mars, la chute de Trèves et la capture du pont de Remagen vont donner une impulsion décisive aux opérations anglo-américaines. Hitler, hors de lui, donne l'ordre de fusiller les responsables, d'anéantir la tête de pont américaine à l'est du Rhin et de limoger von Rundstedt, le commandant en chef des armées de l'Ouest ; il sera remplacé par le maréchal Kesselring, rappelé d'Italie, sans que la situation s'en trouve sensiblement améliorée. C'est que le maréchal ne dispose que de 55 divisions, durement éprouvées et très mal approvisionnées[1], pour enrayer l'avance de 85 divisions alliées tout le long du Rhin, depuis la mer du Nord jusqu'à la frontière suisse.

1. Réparties en trois groupes d'armées : H (Blaskowitz) au nord, B (Model) au centre, et G (Hausser) au sud. Les divisions d'infanterie ne comptent plus que 5 000 hommes, contre 12 000 à l'origine – ce dont Hitler ne tient aucun compte dans ses évaluations stratégiques.

Improvisations

Entre le 23 février et le 5 mars 1945, la Finlande et la Turquie, sentant le vent tourner, ont déclaré la guerre à l'Allemagne, isolant encore davantage un Reich aux abois. Le caractère désespéré de la situation décide le *Reichsmarschall* Goering à conseiller au Führer de négocier la paix avec les Anglo-Américains. Après tout, lui, Goering, dispose de quelques relations en Suède qui seraient disposées à servir d'intermédiaires. Mal lui en prend : Hitler refuse avec indignation, en s'écriant que « Frédéric le Grand n'a jamais accepté de compromis ! » Du reste, le Führer a manifestement perdu confiance en Goering et en son aviation, qu'il qualifie rageusement de « boutique de brocante », et dès lors, comme il le fait depuis longtemps pour l'armée, il entreprend de commander lui-même la Luftwaffe : « J'en ai maintenant pris en main personnellement la direction technique, et je garantis le succès », annonce-t-il fièrement au maréchal Kesselring. Pour commencer, Hitler charge un protégé d'Himmler, le *Gruppenführer SS* Hans Kammler, de la répartition sur les aéroports des Me 262 à réaction ; il fait donner les *Volksjäger* He 162, ces avions rudimentaires pilotés par des jeunes gens n'ayant reçu qu'un entraînement sommaire au maniement des planeurs ; enfin, il ordonne que tous les équipages de bombardiers ennemis capturés soient « livrés par la Luftwaffe aux services de sécurité pour exécution » – un ordre qui restera lettre morte, les chefs de l'aviation ayant conservé certains principes[1]. Mais Hitler, terré dans son bunker à 7 mètres sous terre, n'a plus qu'un contact ténu avec les réalités ; très sensible au vent, à la poussière et à la lumière du jour, il ne sort que rarement, d'un pas lent et hésitant.

Entre-temps, il a pu mesurer les inconvénients de l'amateurisme en matière de conduite des opérations terrestres : Himmler, commandant en chef du groupe d'armées Vistule, a lamentablement échoué devant l'ennemi, et s'est d'ailleurs fait porter malade[2]. Hitler, impression-

1. D'autres projets extrêmes, comme le plan *Werwolf* de missions suicides à bord de chasseurs Me 109, seront en grande partie sabotés par leurs responsables eux-mêmes, et ne donneront que des résultats dérisoires.

2. Commentaire fort perspicace du général Guderian : « Il était totalement irresponsable de sa part de vouloir exercer une telle fonction ; et de la part d'Hitler, il était tout aussi irresponsable de la lui confier. »

né par l'ampleur du désastre entre la Vistule et l'Oder, se rend aux raisons de son chef d'état-major et consent à remplacer Himmler par le général Heinrici. C'est un excellent officier, mais il ne peut faire de miracles : les Soviétiques, repoussant toutes les contre-attaques, resserrent inexorablement leur étreinte en Poméranie, en Prusse orientale et en Haute-Silésie. Comme toujours, Hitler s'en prend aux commandants d'armées sur le terrain – en l'occurrence au général Busse, accusé de n'avoir pas su mener la contre-attaque visant à dégager Küstrin. Mais le chef d'état-major Guderian n'ayant pas la servilité de ses prédécesseurs, il défend énergiquement Busse, et une violente dispute s'ensuit – avec des résultats prévisibles : le 28 mars, Guderian est limogé « pour raisons de santé ». Son successeur sera le général Hans Krebs ; il est jeune, intelligent, diplomate, très professionnel et sans la moindre illusion. En prenant ses fonctions, il confie à son aide de camp von Loringhoven : « La guerre sera terminée dans quatre semaines. »

L'étau se resserre

Au vu de la situation sur le terrain, ce pronostic semble raisonnable : depuis le 24 mars, les Alliés ont élargi leur tête de pont à l'est de Remagen, puis franchi le Rhin à Oppenheim au sud et à Wesel au nord. Dès lors, on voit se dérouler à l'Ouest une nouvelle version de la guerre éclair : entre le 27 mars et le 4 avril, les Américains s'emparent de Mannheim, Francfort-sur-le-Main, Fulda et Kassel, les Canadiens progressent vers le nord des Pays-Bas, et les Britanniques de la 2e armée percent en direction de Bochum et de Lippstadt, où ils font leur jonction avec les avant-gardes de la 1re armée américaine. Ils encerclent ainsi le bassin de la Ruhr, où se trouve concentré le groupe d'armées B du maréchal Model. Comme toujours, Hitler interdit toute retraite et ordonne une résistance à outrance dans la « forteresse de la Ruhr », condamnant ainsi l'ensemble du groupe d'armées B à la destruction ou à la captivité. Entre-temps, Graz, Hambourg, Brême et Wilhelmshaven ont à nouveau été écrasés sous les bombes, et cent Me 262 sortant des chaînes de montage ont été détruits à Augsbourg.

Char Sherman et Chasseur Mustang :
Blitzkrieg à l'envers.

Mais même cela est désormais secondaire ; les armées américaines et britanniques poursuivent leur route en direction de l'Elbe, qui est atteinte le 11 avril. Des régiments entiers se rendent sans combattre, et la plupart des villes hissent le drapeau blanc dès l'arrivée des avant-gardes alliées. Au sud, ce sont les Français qui occupent Karlsruhe et font mouvement vers Tübingen et Stuttgart. Sur l'ensemble du front, les armées allemandes désorganisées, à court de munitions et de carburant, tentent d'endiguer les percées des armées blindées, suivies d'infanterie motorisée et couvertes par 3 000 chasseurs qui écrasent toute opposition. Voilà qui rappelle étrangement la campagne de mai 1940 – à ce détail près que les rôles sont inversés. Les bombardiers B 17, B 24 et B 26, privés de cibles valables après la destruction systématique des centres industriels, ont reporté leurs attaques sur les casernes, les concentration de troupes, les postes de commandement et les nœuds de communications, achevant ainsi de désorganiser la résistance des groupes d'armées H au nord et G au sud.

Cologne dévastée.

À mesure de leur avance,
les soldats alliés horrifiés
découvrent les premiers
camps de concentration
abandonnés par
leurs gardiens.

Colonne de prisonniers allemands.

Pourtant, ce n'est qu'un début, car entre le 16 et le 19 avril 1945, le front de l'Est s'anime à nouveau : tout le long de l'Oder et de la Neisse, 22 armées soviétiques passent à l'offensive. Au nord, le IIe Front biélorusse de Rokossovski enfonce la première ligne de défense allemande près de Stettin et menace Prenzlau ; au centre, le Ier Front biélorusse de Joukov attaque Seelow et Prötzel, pour aborder la capitale par le nord ; plus au sud, le Ier Front ukrainien de Koniev s'élance vers Cottbus et Spremberg, avant de remonter vers le nord-ouest, en direction de Potsdam et de Berlin. Mais surtout, les Soviétiques cherchent à gagner l'Elbe, afin d'isoler Berlin et de couper l'Allemagne en deux ; ils en ont les moyens : 2 millions d'hommes, 6 250 chars, 42 000 canons et 7 500 avions… Les groupes d'armées Vistule de Heinrici et Centre de Schörner n'ont à leur opposer que des débris de divisions pratiquement dépourvues d'artillerie et menacées sur leurs arrières par les armées anglo-américaines ; on pourrait difficilement concevoir une situation plus désespérée[1].

1. Dès la mi-avril, l'OKW a prévu le cas où l'Allemagne serait coupée en deux et le Führer empêché d'exercer le commandement suprême : il s'agit de constituer un QG Nord (amiral Dœnitz), avec autorité sur l'Allemagne du Nord, le Danemark, la Norvège et la *Luftflotte Reich* ; un QG Sud (maréchal Kesselring), en charge de l'Allemagne du Sud, de la Tchécoslovaquie, de la Hongrie, de l'Italie et de la *Luftflotte VI*. Hitler a envisagé de prendre lui-même la direction au sud, en allant se retrancher dans l'Obersalzberg.

Une stratégie souterraine

Ce n'est pas l'avis du Führer, qui affiche un optimisme sans faille : le peuple allemand tout entier ne pense qu'à combattre jusqu'à la dernière minute ; les V1, les V2, les avions à réaction et les nouveaux sous-marins vont inverser le cours de la guerre ; la mort du président Roosevelt, survenue le 12 avril, va entièrement changer la donne ; les Anglo-Américains seront

L'invasion de l'Allemagne, situation au 20 avril 1945.

repoussés derrière le Rhin par une puissante contre-offensive du groupe d'armées Hausser et de la 12e armée du général Wenck, en cours de formation dans le massif du Harz ; quant aux Soviétiques, ils seront rejetés à l'est de l'Oder par des contre-attaques résolues au nord et au sud de Berlin : « Les Russes, dit-il à la conférence de situation du 17 avril, vont connaître devant Berlin la plus sanglante défaite de tous les temps. » Le scepticisme de l'entourage est palpable, mais personne ne se hasarde à l'exprimer, tant la crainte paralyse les caractères les mieux trempés.

Le 20 avril est l'anniversaire d'Hitler, à l'occasion duquel les dignitaires nazis et les diplomates étrangers présentent chaque année leurs félicitations au Führer. Mais en ce matin du 20 avril 1945, toute congratulation est manifestement déplacée, et les habitués de la conférence de situation, Keitel, Jodl, Goering, Himmler, Dœnitz, Speer, Krebs, Kaltenbrunner, Ribbentrop, Koller[1] et von Below se présentent à la chancellerie au début de l'après-midi, comme à l'ordinaire. L'adjoint de Dœnitz, Walter Lüdde-Neurath, décrira un Führer « brisé, bouffi, voûté, épuisé et nerveux » ; un officier d'état-major précisera : « Physiquement, il était effrayant à voir. Pour passer de ses appartements à la salle de conférences du bunker, il lui fallait se traîner lentement et péniblement, le haut du corps poussé en avant, les jambes traînant en arrière. Il avait perdu le sens de l'équilibre. S'il s'arrêtait en chemin – sur une distance de vingt-cinq à trente mètres –, il lui fallait s'asseoir sur l'un des bancs placés contre les murs à cet effet, soit s'appuyer sur la personne avec laquelle il s'entretenait. » À cinquante-six ans, Adolf Hitler ressemble à un vieillard, qui peine à retenir les tremblements compulsifs de son bras gauche.

Hitler félicite un membre des Jeunesses hitlériennes décoré de la Croix de fer, le 20 avril 1945. C'est la dernière fois que le Führer sortira de son bunker.

1. Le nouveau chef d'état-major de la *Luftwaffe*.

Déjà soumise aux raids aériens incessants, la capitale est désormais sous le feu sporadique de l'artillerie soviétique à longue portée ; au nord, les Britanniques approchent de Brême et d'Emden ; au sud, les Américains viennent d'entrer dans Nuremberg, les Français campent dans les faubourgs de Stuttgart et les Russes sont à Vienne ; au centre, la 9ᵉ armée de Busse a été mise en déroute sur l'Oder entre Francfort et Küstrin, tandis qu'au sud-est de Berlin, les Soviétiques ont poursuivi leur avance en direction de Jüterbog à l'ouest et de Potsdam au nord-ouest. C'est précisément ce qui inquiète le général Koller, qui notera dans son journal : « La dernière route vers le sud menace d'être coupée. C'est pourquoi, avant que ne commence la mise en scène des vœux d'anniversaire, je préviens Goering, Keitel et Jodl que c'est la toute dernière occasion de rejoindre le Sud par voie terrestre, et qu'en considération de la situation aérienne et de la pénurie de carburant, j'exclus toute possibilité d'évacuation ultérieure par la voie des airs. [...] Tous partagent mon avis, mais Hitler n'a pas encore tranché. Pour finir, Keitel m'informe peu avant la conférence de situation qu'Hitler a décidé de rester à Berlin jusqu'au bout. »

Voilà qui est clair. « Un moment plus tard, rapportera Speer, nous nous tenions comme d'habitude autour de la carte de situation, dans l'espace confiné du bunker. [...] La discussion portait sur l'assaut imminent contre le centre de Berlin. La nuit précédente, il avait été question de renoncer à défendre la capitale, pour aller se retrancher dans le réduit alpin[1]. Mais Hitler venait de décider qu'il mènerait la lutte pour la ville dans les rues de Berlin. Alors, tout le monde s'est mis à clamer qu'il fallait absolument transférer le QG vers l'Obersalzberg, et que c'était le dernier moment pour le faire. [...] Hitler a répondu avec indignation : "Comment puis-je demander aux troupes de livrer la bataille décisive pour Berlin si je me mets moi-même en sûreté ?" [...] Hitler continuait à discourir, emporté par sa propre rhétorique : "C'est

1. L'*Alpenfestung* est un concept en grande partie chimérique : l'extrémité sud-ouest des Alpes bavaroises, face à la Suisse, a été dotée de quelques ouvrages défensifs et de garnisons SS, mais les versants nord et nord-est ne sont pas fortifiés, il n'y a aucun dépôt de vivres, d'armements ou de munitions, pas la moindre industrie et aucune troupe de montagne pour défendre l'ensemble. Le terme de *Festung* (« forteresse ») fait partie de ces constructions sémantiques irréelles dont le Troisième Reich reste friand. Toutefois, l'OKW et l'OKH ont déjà transféré à Berchtesgaden une partie de leur personnel.

le destin qui décidera si je mourrai dans la capitale ou si je m'envolerai au dernier moment pour l'Obersalzberg." Une fois la conférence terminée et les généraux congédiés, Goering, en grande détresse, s'est tourné vers Hitler. »

C'est pour remettre sur le tapis la question du transfert des autorités du Reich vers l'Obersalzberg. Le *Reichsmarschall* fait valoir qu'il faut bien qu'un haut responsable de la Luftwaffe parte aussitôt pour le sud, car la situation là-bas nécessite un commandement unifié de l'aviation. Hitler, dont le bras gauche tremble violemment, lui répond : « Eh bien, allez-y. Koller restera ici ! » Ainsi, la direction du Reich est en train de se désagréger, et ses forces armées aussi. Le 21 avril, depuis Wildpark-Werder, son quartier général déjà menacé par l'avance soviétique, le général Koller reçoit sans cesse des appels téléphoniques du Führer : « Envoyez des avions pour faire cesser les tirs de l'artillerie soviétique sur Berlin ! » ; « Pourquoi les Me 262 n'ont-ils pas décollé de leur aéroport de Prague ? » ; « Faites parachuter sans délai des vivres et des munitions au groupe de combat Spremberg, cerné au sud de Cottbus ! » Hitler compte sur le « groupe opérationnel Steiner », stationné à l'ouest d'Eberswalde, pour lancer une grande contre-offensive en direction du sud-est et desserrer l'étau soviétique qui se referme sur Berlin. Or, cette unité, majoritairement composée de troupes de garnison, d'éléments de la Luftwaffe et de jeunes recrues, est dépourvue d'armes lourdes, ses véhicules manquent d'essence, et elle ne reçoit pas les renforts attendus. Son offensive ne se déclenche donc pas, et Hitler harcèle l'OKW et l'OKH pour faire accélérer le mouvement.

Mais les Soviétiques pénètrent déjà dans les faubourgs de la capitale, et les nerfs du Führer ne résistent plus ; le 22 avril à 20 h 45, le général Eckhard Christian, officier de liaison de la Luftwaffe, vient informer Koller des derniers développements à l'intérieur du bunker : « Le Führer, lui dit-il, s'est effondré ; il considère maintenant le combat comme désespéré. » Koller, incrédule, se rend à la caserne de Krampnitz, près de Potsdam, où le général Jodl lui explique la situation au petit matin du 23 avril : « Hitler a jeté l'éponge, il a décidé de rester à Berlin, de diriger la défense de la ville et de se tirer une balle dans la tête au dernier moment. […] Nous avons tout fait pour le dissuader, et lui avons proposé de faire reporter l'effort des armées de l'Ouest vers le front de l'Est. Mais il a répondu que tout était en train de s'écrouler, qu'il ne pouvait rien faire, et que le *Reichsmarschall* n'avait qu'à s'en charger. Quelqu'un parmi nous ayant fait remarquer qu'aucun soldat n'accepterait de combattre sous les ordres du *Reichsmarschall*, Hitler a répondu : " Qui parle de combattre ? Il n'y a plus guère de combat à livrer, et s'il s'agit de négocier, le *Reichsmarschall* peut faire cela mieux que moi ! " Les derniers développements de la situation militaire l'ont beaucoup affecté, et il ne cesse de parler de trahison, d'abandon et de corruption au sein du commandement et de la troupe. Même les SS le trompent, même Sepp Dietrich ; Steiner n'est pas intervenu, et cela lui a donné le coup de grâce. »

Blindés russes dans les faubourgs de Berlin.
Sur le mur : « Berlin restera allemande. »

Psychodrame

Dans l'après-midi du 23 avril, Albert Speer atterrit en avion léger devant la porte de Brandebourg et se présente à la chancellerie, qui est sous le feu intermittent de l'artillerie soviétique. Après avoir descendu les quelque cinquante marches conduisant au bunker, il est introduit dans le bureau du Führer, qui le frappe par son expression apathique : « Il ne manifestait aucune émotion, il me semblait vide, épuisé, sans vie. [...] Ce jour-là, il ne m'a plus parlé d'un renversement de situation imminent, d'un espoir qui subsisterait. D'un air las, comme s'il s'agissait déjà d'une évidence, il s'est mis à me parler de sa mort : " J'ai décidé de rester ici. [...] Je n'irai pas moi-même participer au combat. Je risquerais d'être blessé et de tomber vivant aux mains des Russes. Je ne veux pas non plus que mes ennemis profanent mon corps, c'est pourquoi j'ai ordonné qu'il soit incinéré. Mademoiselle Braun souhaite quitter la vie avec moi, et je tuerai Blondi au préalable[1]. Croyez-moi, Speer, il m'est facile de mettre fin à ma vie. Un bref instant et je serai libéré de tout, délivré de cette douloureuse existence. " »

Mais dans un bunker périodiquement secoué par la réverbération des explosions, le haut commandement du Reich continue à fonctionner sous sa propre impulsion : le chef d'état-major Krebs se présente au rapport, et la conférence de situation débute comme à l'accoutumée ; il est vrai que les principaux dignitaires et chefs militaires sont absents, qu'il ne reste plus que quelques officiers de liaison, qu'il n'y a sur la table qu'une carte de Berlin et que les renseignements disponibles sur l'avance soviétique sont fragmentaires, mais le rituel se poursuit immuablement, chacun restant dans son rôle, et le Führer jouant mécaniquement la comédie de l'optimisme : la 9ᵉ armée de Busse va faire mouvement vers l'ouest et rejoindre la 12ᵉ armée de Wenck, qui déclenchera son offensive vers le nord pour briser le siège de Berlin. Pourtant, la conférence se termine plus tôt qu'à l'ordinaire, et Speer, interloqué par ce qu'il vient d'entendre, sort dans l'étroit couloir du bunker. Il y croise Goebbels, dont le fanatisme paraît intact, et rend une der-

---

1. Son berger allemand, auquel il est particulièrement attaché.

nière visite à son épouse Magda, qui est venue avec ses six enfants pour mourir « dans ce site historique ».

Le bureau d'Hitler dans la chancellerie du Reich après le bombardement soviétique.

Sur ces entrefaites parvient à la chancellerie un télégramme de Berchtesgaden, dans lequel Goering demande si, conformément au décret de succession, il doit assumer la direction de l'ensemble du Reich au cas où Hitler demeurerait dans la « forteresse de Berlin ». Pour Bormann, c'est là un coup d'État, mais Hitler ne réagit pas. Pourtant, il reçoit ensuite la copie d'un second télégramme adressé par Goering à Ribbentrop, qui commence par « J'ai demandé au Führer de me transmettre ses instructions avant le 23/4, 22 heures », et se termine par : « Au cas où, avant 24 heures le 23/4, vous n'auriez reçu aucune autre instruction du Führer directement ou de moi-même, vous devrez me rejoindre sans délai par la voie des airs. » Bormann s'écrie : « Goering est en train de trahir ! Voilà maintenant qu'il envoie des télégrammes aux membres du gouvernement, pour leur dire qu'aux termes de ses pleins pouvoirs, il assumera vos fonctions cette nuit à 24 heures, *mein Führer* ! » Cette fois, Hitler réagit violemment et ordonne que Goering soit déchu de ses droits de succession ; il sera presque aussitôt arrêté par les SS.

Mais à la chancellerie, le psychodrame se poursuit devant un Speer médusé : « Une explosion de rage a suivi, où s'entremêlaient des expressions d'amertume, d'impuissance, de désespoir et d'autoapitoiement. Le visage écarlate et les yeux hagards, il semblait avoir oublié la présence de son entourage. [...] D'un seul coup, il est retombé dans sa léthargie : " Après tout, pourquoi pas ? Goering n'a qu'à négocier la capitulation. Au fond, peu importe qui le fait, si la guerre est perdue." [...] Une fois la crise passée, Hitler était à bout de forces. Il a repris ce ton harassé qu'il avait un peu plus tôt dans la journée. » Mais son attention se détourne machinalement vers la défense de Berlin, qui est tenue par 44 600 soldats, 42 500 hommes de la *Volkssturm* hors d'âge, sans entraînement et

Volontaires de la *Volkssturm*, armés pour la plupart de *Panzerfaust*, bazookas rudimentaires à un seul coup.

misérablement équipés, 2 700 adolescents des Jeunesses hitlériennes, et quelques centaines d'employés de l'*Arbeitsfront* et de l'organisation Todt. Face à eux, les armées de Joukov et Koniev : 2 millions d'hommes soutenus par l'artillerie, les chars et l'aviation, qui ont occupé les faubourgs sud de Berlin dès le 24 avril, puis contourné la ville par l'ouest et le nord, encerclant entièrement la capitale au soir du 25 avril ; c'est ce même jour que les forces soviétiques et américaines ont fait leur jonction à Torgau, sur l'Elbe. Dès lors, l'Allemagne est effectivement coupée en deux, et la chute de Berlin n'est plus qu'une question de jours.

Fin de partie

Mais les Soviétiques n'avancent que prudemment vers le centre de la capitale en ruine, et le 26 avril, Hitler compte encore sur une percée de la 12e armée de Wenck en direction de Berlin : venue de l'ouest, elle est déjà signalée aux abords de Potsdam, tandis que la 9e armée de Busse a ordre de rompre le combat à l'est pour venir renforcer l'offensive de Wenck, et que les troupes du général Holste au nord-ouest doivent se frayer un chemin vers le sud pour opérer leur jonction avec l'armée Wenck devant Berlin. Ainsi, l'encerclement sera brisé, et les Soviétiques connaîtront une défaite historique devant la capitale du Reich ! Tout cela est évidemment chimérique : l'armée Wenck ne comprend plus que 3 divisions d'infanterie sans blindés ni artillerie, les 13 divisions de Busse sont pratiquement cernées à l'ouest de l'Oder, et on ignore où se trouvent les troupes du général Holste. Les quelques escadrilles encore opérationnelles mènent bien quelques raids contre les concentrations soviétiques autour de Berlin, mais elles ne peuvent plus opérer qu'à partir de l'aérodrome de Rechlin, avec un carburant sévèrement rationné et des pertes considérables. Le 26 avril, Hitler convoque le général Ritter von Greim à Berlin pour le nommer à la tête des débris de la Luftwaffe ; mais le général ne peut plus rallier Berlin qu'en utilisant l'axe est-ouest comme piste d'atterrissage – après avoir franchi le rideau de feu de la DCA ennemie.

L'axe est-ouest jusqu'à *Unter den Linden* : une piste d'atterrissage de fortune.

Moins de quarante-huit heures plus tard, les Soviétiques ont percé les dernières défenses de la capitale et atteint la Königsplatz, au nord de la chancellerie, avant de converger sur la Potsdamerplatz. Au matin du 28 avril, on capte dans le bunker les émissions de Radio-Stockholm, qui rapportent que le *Reichsführer SS* Himmler cherche à négocier avec les Alliés – une nouvelle qui est confirmée par la BBC le soir même. Ainsi, même le « fidèle Heinrich » s'est mis à trahir ? Hitler le soupçonne même d'essayer de le livrer vivant aux Alliés ; il entre dans une rage folle et charge von Greim de rejoindre le QG nord de l'amiral Dœnitz à Plön, avec ordre d'arrêter immédiatement le *Reichsführer*. Pour l'heure, c'est Hermann Fegelein, l'officier de liaison d'Himmler, qui va payer pour son chef : il est fusillé sans délai[1].

Dans la nuit du 28 au 29 avril, Hitler, après avoir tenu comme à l'ordinaire une conférence de situation devenue sans objet, prend deux nouvelles initiatives : il épouse Eva Braun dans la plus stricte intimité, après quoi il entreprend de dicter son « testament politique » – un document aussi verbeux que nauséeux, qui prouve au moins que son auteur n'a strictement rien appris depuis un quart de siècle : la « juiverie internationale » est responsable de tout, depuis la ruine économique jusqu'à la guerre mondiale ; le corps des officiers allemands n'a pas été à la hauteur de sa tâche, certains personnages « veules et aveuglés » ont trahi leur Führer, et bien entendu, les alliés du Reich se sont montrés décevants : « En jugeant froidement les événements et en laissant de côté toute sensiblerie, je dois reconnaître que mon indéfectible amitié pour l'Italie et pour le Duce pourrait bien être ajoutée à la liste de mes erreurs. » Sa seule véritable faute, finalement, c'est de s'être montré trop bon ! Le fait que le processus infernal enclenché douze ans plus tôt ait fait 2 millions de morts et autant de disparus parmi les soldats de la Wehrmacht, 500 000 victimes civiles allemandes et d'effarantes dévastations à travers tout le pays ne mérite pas une seule phrase[2]... Mais Hitler en revient aux problèmes de l'heure : « Avant mon décès, j'expulse du parti l'ancien *Reichsmarschall* Hermann Goering, et lui retire tous les droits qui lui étaient conférés par le décret du 29 juin 1941 comme par mon discours au Reichstag du 1er septembre 1939[3]. Je nomme à sa place le grand amiral Dœnitz président du Reich et commandant suprême des forces armées. » Il le charge de poursuivre la

1. Le très sinistre Fegelein, époux de la sœur d'Eva Braun, avait vainement tenté de quitter la chancellerie, et l'on avait découvert des documents dans ses bagages indiquant qu'il était au courant des négociations menées par Himmler avec les Suédois depuis 1944.

2. Pas un mot non plus des destructions et de l'Holocauste en Europe centrale et en Russie – ce qui était à prévoir.

3. Qui en faisaient son successeur.

Les Soviétiques avancent prudemment dans la capitale…

… jusqu'à conquérir la Wilhelmstrasse.

guerre, et lui nomme même son gouvernement, dans lequel Goebbels est chancelier[1], Bormann ministre du Parti et Seyss-Inquart ministre des Affaires étrangères ! Enfin, Hitler expulse du NSDAP et déchoit de tous ses titres l'ancien *Reichsführer SS* Heinrich Himmler, exécuteur zélé de toutes ses basses œuvres. Ayant ainsi soldé ses comptes, le dictateur épuisé se retire à 5 heures du matin.

Les soldats ont tout de même eu droit à un timbre commémoratif.

La journée du 29 avril se passe sans nouvelles précises des opérations militaires, mais Hitler est informé du fait que le Duce a été capturé et exécuté la veille par les partisans italiens ; certains détails précis sur la profanation du corps de Mussolini le confortent sans doute dans sa décision de faire brûler ses propres restes après son suicide. Lors de la conférence de situation du soir, le général Weidling, responsable de la défense de Berlin, déclare que l'ennemi atteindra la chancellerie le 1er mai au plus tard ; c'est une estimation raisonnable, car les Soviétiques occupent déjà l'Alexanderplatz, la Potsdamerstrasse, la Wilhelmstrasse, et ne sont plus qu'à 300 mètres du bunker. Mais le dernier message radio adressé au QG de l'OKW exprime à la fois le désarroi et l'ultime espoir du Führer : « Au général Jodl : 1) Où est l'avant-garde de Wenck ? 2) Où attaquera-t-elle ? 3) Où est la 9e armée ? 4) Dans quelle direction effectue-t-elle sa percée ? 5) Par où Holste attaque-t-il ? » La réponse reçue aux petites heures du 30 avril peut se résumer en une phrase : toutes les unités qui n'ont pas été anéanties au sud de Potsdam et au nord de Berlin se sont repliées vers l'ouest... À ce moment, Hitler a déjà perdu tout espoir et pris ses dernières dispositions ; ce 30 avril 1945, peu après 15 h 30, il s'enferme dans son bureau avec Eva Braun et se tire une balle dans la tempe[2]. Pour Adolf Hitler, sinon pour son peuple, la tragédie vient de s'achever[3].

1. Ce qui confirme qu'Hitler a perdu tout contact avec la réalité, car Goebbels a déjà exprimé son intention de ne pas survivre à son Führer.

2. Eva Braun sera retrouvée à ses côtés sur le canapé, empoisonnée au cyanure.

3. L'amiral Dœnitz, son successeur désigné, met fin aux hostilités en signant la capitulation sans condition au matin du 7 mai 1945.